八ガ岳・北八ガ岳・蓼科山

南八ガ岳
赤岳・横岳・硫黄岳
阿弥陀岳・権現岳
編笠山・県界尾根
三ツ頭・天女山

北八ガ岳
東天狗・西天狗
にゅう・白駒池
麦草峠
黒百合平
双子池

蓼科山

YAMAPシリーズ②
八ガ岳・北八ガ岳・蓼科山
目次 CONTENTS

八ガ岳・北八ガ岳・蓼科山
山行プランニング ──── 18
八ガ岳・北八ガ岳・蓼科山の四季 ──── 24
八ガ岳・北八ガ岳・蓼科山の高山植物
　お花畑 ──── 30　花図鑑 ──── 33

八ガ岳・北八ガ岳・蓼科山 コースガイド ──── 38

1. 行者小屋→地蔵尾根→赤岳→文三郎道 ──── 38
2. 行者小屋→阿弥陀岳→赤岳→横岳→硫黄岳→赤岳鉱泉 ──── 48
3. 赤岳鉱泉→硫黄岳→横岳→赤岳→県界尾根→美ノ森 ──── 56
4. 桜平→夏沢峠→硫黄岳→横岳→赤岳→権現岳→編笠山 ──── 68
5. 天女山→三ツ頭→権現岳→編笠山→小淵沢 ──── 78
6. 赤岳鉱泉→硫黄岳→東天狗→高見石→縞枯山→北横岳→蓼科山 ──── 86
7. 唐沢鉱泉→天狗岳→黒百合平 ──── 94
8. 稲子湯→本沢温泉→夏沢峠→東天狗→にゅう→白駒池→麦草峠 ──── 98
9. 麦草峠→雨池→雨池峠→縞枯山→麦草峠 ──── 108
10. 麦草峠→高見石→東天狗→黒百合平→渋ノ湯 ──── 118
11. 坪庭→北横岳→三ツ岳→雨池峠→縞枯山→麦草峠 ──── 124
12. 蓼科山→双子池→亀甲池→天祥寺原→竜源橋 ──── 130

MAP

八ガ岳・北八ガ岳・蓼科山全体図 ──── 4
コース詳細図／5万分ノ1
　MAP 1　蓼科山・北横岳・縞枯山・麦草峠・白駒池・高見石 ──── 6
　MAP 2　渋ノ湯・天狗岳・稲子湯・みどり池・本沢温泉・夏沢峠・硫黄岳・横岳・赤岳・阿弥陀岳・権現岳 ──── 8
　MAP 3　天狗岳・硫黄岳・横岳・赤岳・阿弥陀岳・県界尾根・真教寺尾根・美ノ森山・権現岳 ──── 10
　MAP 4　権現岳・編笠山・三ツ頭・観音平・天女山・小淵沢・清里 ──── 12
コース詳細図／2万5000分ノ1
　MAP 5　硫黄岳・横岳・赤岳・阿弥陀岳・赤岳鉱泉・行者小屋 ──── 14
鳥瞰図
　守屋山上空から見た八ガ岳・北八ガ岳・蓼科山 ──── 16

パノラマ展望図

赤岳山頂・パノラマ展望 ——— 44
蓼科山山頂・パノラマ展望 ——— 135

エリアガイド＆サブコース

サブコース・南八ガ岳 ❶
　秋の県界尾根 ——————— 64
サブコース・南八ガ岳 ❷
　秋の赤岳→権現岳→天女山 — 84
サブコース・北八ガ岳 ❶
　秋の稲子湯→みどり池→
　　中山峠 ————————— 106
サブコース・北八ガ岳 ❷
　秋の中山峠→にゅう→
　　白駒池→八千穂高原 ——— 112

山小屋物語

赤岳天望荘と八ガ岳の花博士・
　北原一三さん ——————— 47
硫黄岳山荘と八ガ岳の名花・
　コマクサ園 ———————— 67

コラム

横岳を南北に縦走する ——— 54
八ガ岳の火山地形と
　硫黄岳爆裂火口 ————— 77
みどり池と白駒池 ————— 103
色とりどりの山の花が見られる
　麦草峠の花園 —————— 105
北八ガ岳で顕著な縞枯れ現象 — 110
ピラタス横岳ロープウェイ — 127
高原リゾートに囲まれた蓼科山を
　めぐるハイキング・コース 137

八ガ岳撮影ポイントガイド
——————————————— 114

おすすめ山の温泉 ———— 138

データ・ファイル ———— 140
　山小屋・キャンプ指定地・
　市町村役場・交通・山域関連URL

赤岳山頂からの山岳展望図
——————————————— 142

蓼科山山頂からの山岳展望図
——————————————— 144

八ガ岳・北八ガ岳・蓼科山
白地図 ——————————— 146

山行記録 ————————— 156

本書の使い方

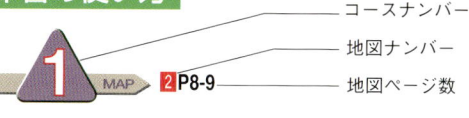

① コースナンバー
MAP ② 地図ナンバー
P8-9 地図ページ数

１泊２日
技術度
体力度
危険度

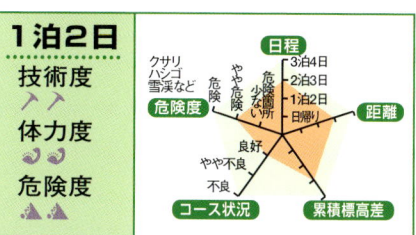

日程／距離／累積標高差／コース状況／危険度

●日程　初級クラスの登山者が、無理なく歩ける日程としています。

●難易度ランク・グラフ
「日程」「距離」「累積標高差」「危険度」「コースの整備状況」の5つの要素をグラフ化したものです。コースを選定する際の参考にしてください。

●技術度ランク
🥾 は指導標が整備され、滑落や落石の危険のないコース。🥾🥾 はコースは比較的よく整備されているが、一部に岩場やクサリ場、ハシゴ場などがあるコース。🥾🥾🥾 は危険度の高い岩場地帯の通過があったり、コースが荒れていて、地図の正しい読み方が必要なコースを示します。

●体力度ランク　💪 は歩行時間が少なく、登高差もあまりないコース。💪💪 は5時間以上の歩行時間を要し、1000m前後の標高差があるコース。💪💪💪 は1日の歩行時間が7時間以上であったり、山中3泊以上を要するコース。

●危険度ランク　⚠ はコース上に岩場や雪渓がなく、誰もが比較的安全に歩けるコース。⚠⚠ は一部に岩場や雪渓があるものの、滑落や落石、転落の危険度が低いコース。⚠⚠⚠ は困難な岩場の通過や、急な雪渓があり、転落や滑落、落石の危険度が高いコースを示します。

●歩行距離　紹介コースの1日ごとの歩行距離とその総計を紹介しています。

●標高差　標高差は登山口の標高と、コース上の最高地点の差を示しています。また、累積標高差は、2万5000分ノ1地形図をもとに算出しています。

参考コースタイム　徒歩　バス　タクシー　ロープウェイ
登山の初級者が無理なく歩ける時間を想定しています。

地図凡例

- - - - -　本文で紹介するコース
- - - - -　サブコース・コラムで紹介するコース
- - - - -　その他の一般コース
━━━━　国道
━━━━　県道・市町村道
━━━━　林道
━━━━　ロープウェイ／リフト
━━━━　県境
━━━━　市町村境

▶　ビューポイントと展望範囲
←1.20　参考コースタイム（時間.分）
●　コースタイムの区切りポイント
❶ P38-46　本文で紹介するコース番号＆ページ
🏠　山小屋（営業小屋）
🏠　山小屋（避難小屋）
△　キャンプ指定地
♀　バス停
Ⓟ　駐車場
水　水場

3

八ガ岳・北八ガ岳 蓼科山 全体図

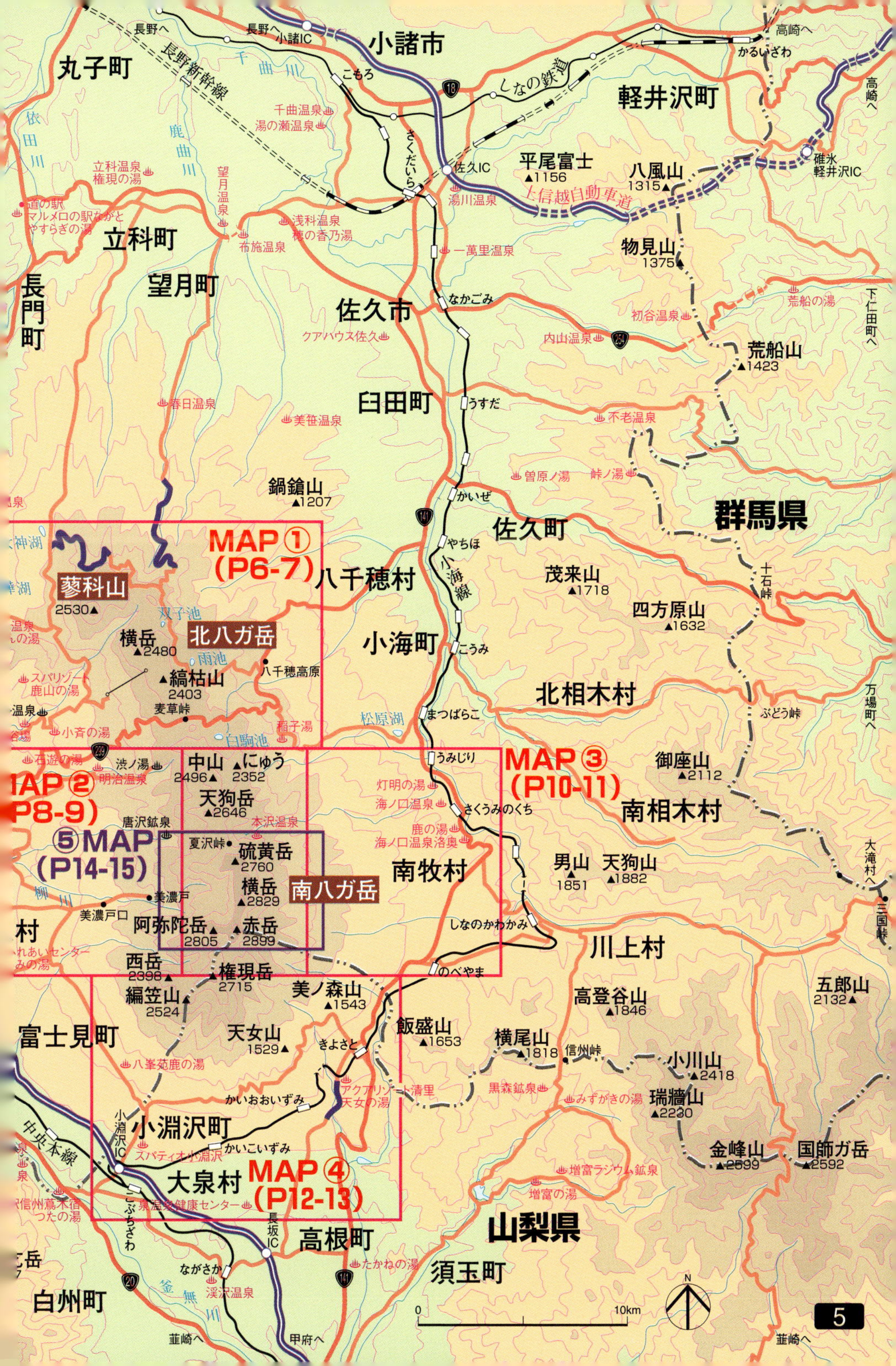

小諸市
丸子町
軽井沢町
長野新幹線
しなの鉄道
長野へ
小諸IC
こもろ
高崎へ
かるいざわ
千曲川
千曲温泉
湯の瀬温泉
鹿曲川
依田川
立科温泉
権現の湯
望月温泉
道の駅 マルメロの駅ながと やすらぎの湯
立科町
望月町
長門町
さくだいら
佐久IC
湯川温泉
平尾富士 1156
八風山 1315
上信越自動車道
碓氷軽井沢IC
浅科温泉 穂の香乃湯
布施温泉
一萬里温泉
物見山 1375
佐久市
なかごみ
クアハウス佐久
初谷温泉
内山温泉
荒船の湯
下仁田町へ
荒船山 1423
臼田町
うすだ
春日温泉
美笹温泉
不老温泉
曽原ノ湯
峠ノ湯
鍋鈴山 1207
かいぜ
群馬県
佐久町
やちほ
小海線
MAP① (P6-7)
八千穂村
蓼科山 2530
双子池
北八ガ岳
横岳 2480
雨池
縞枯山 2403
八千穂高原
麦草峠
白駒池
茂来山 1718
四方原山 1632
十石峠
小海町
こうみ
北相木村
万場町へ
ぶどう峠
スパリゾート鹿山の湯
小斉の湯
稲子湯
松原湖
まつばらこ
渋ノ湯
明治温泉
石遊の湯
中山 2496
にゅう 2352
うみじり
MAP③ (P10-11)
御座山 2112
南相木村
MAP② (P8-9)
⑤MAP (P14-15)
天狗岳 2646
灯明の湯
海ノ口温泉
本沢温泉
さくうみのくち
唐沢鉱泉
夏沢峠
硫黄岳 2760
鹿の湯
海ノ口温泉 洛奥
南牧村
横岳 2829
南八ガ岳
男山 1851
天狗山 1882
大滝村へ
美濃戸
美濃戸口
阿弥陀岳 2805
赤岳 2899
しなのかわかみ
三国峠
西岳 2398
権現岳 2715
のべやま
川上村
編笠山 2524
美ノ森山 1543
高登谷山 1846
五郎山 2132
飯盛山 1653
富士見町
天女山 1529
きよさと
横尾山 1818
信州峠
小川山 2418
八峯苑鹿の湯
アクアリゾート清里 天女の湯
黒森鉱泉
みずがきの湯
瑞牆山 2230
かいおおいずみ
中央本線
小淵沢IC
小淵沢町
スパティオ小淵沢
かいこいずみ
MAP④ (P12-13)
金峰山 2599
国師ガ岳 2592
大泉村
増富ラジウム鉱泉
増富の湯
信州蔦木宿 つたの湯
泉温泉健康センター
こぶちざわ
長坂IC
高根町
山梨県
たかねの湯
須玉町
ながさか
渓沢温泉
白州町
釜無川
韮崎へ
甲府へ
韮崎へ
0
10km
N

地図上の文字情報のみを抽出します。

- 国民宿舎蓼泉閣
- 立科町へ
- 春日温泉へ
- 鹿曲川林道
- 1572
- 女神湖
- 1653
- 夢ノ平
- 料金所
- 夢ノ平有料道路
- 慶大立科山荘
- 竜ガ峰
- 1865
- 蓼科牧場
- 白樺高原国際スキー場
- ゴンドラリフト
- 1525
- 1703
- 白樺高原
- 御泉水自然園
- 10台 WC
- トキンの岩
- 蓼科山7合目
- 立科町
- 1561
- 馬返し
- 広大でなだらかな山頂 視界の悪い時は注意
- コゼンタチバナ、オサバグサ、ミツバオウレン、ヨツバシオガマなどが見られる
- 1439
- 箕輪平
- 前掛山 2354
- 大河原峠
- 60台 WC
- 樺ヶ沢温泉
- 1669
- 天狗ノ露地
- 0:45
- 大河原ヒュッテ
- 双子 2224
- 南平
- イワカガミ、ブナザクラ、コケモモ、ミヤマアキノキリンソウなど
- 将軍平
- 蓼科山荘
- 赤谷分岐
- 1:35
- ⑥P86-93
- ⑫P130-136
- 白樺湖
- 蓼科山 2530
- 蓼科神社奥ノ院
- 蓼科山頂ヒュッテ
- カラマツが美しい
- 双子池ヒュッテ
- 岩のゴロゴロした広大な山頂 山頂南側から八ヶ岳や南信の山々の展望がよい
- 亀甲池分岐
- 0:20
- 0:40
- 原生林の苔が 美しい
- しらかば2in1スキー場
- 1650
- 1833
- 2113
- 蓼科山分岐
- 天祥寺原
- 0:38
- 夕日ノ岳 2120
- 天狗ノ露地
- 八子ヶ峰
- ⑥P86-93
- ⑫P130-136
- オオキスゲ、ヤマハナナス、オヤマリンドウ、ミヤマアキノキリンソウ、コバイケイソウ、ウスユキソウ
- 1864
- スズラン峠
- ⑫P130-136
- 山頂目指して途中で必ず引き返す無理をしない
- 八子ヶ峰ヒュッテ アルビレオ
- 45台
- 蓼科山登山口
- ⑪P124-129
- 北横岳
- 2480 北峰
- 1:40
- 1:35
- 茅野市
- 南峰 2473
- 女乃神茶屋
- 竜源橋
- 8台
- 北横岳ヒュッテ
- 0:15
- 1811
- ロープウェイさんちょうえき
- 坪庭
- 縞枯
- 東急リゾート
- ピラタスの丘
- 笹平
- 蓼科東急スキー場
- 城の平
- 1826
- ピラタス蓼科スノーリゾート
- 2006
- 蓼科東急GC
- プール平
- 800台 さんろくえき
- 滝ノ湯入口
- ホテル親湯
- ミズナラ、ミツバオウレン、ハクサンシャクナゲ、コケモモ、キオン、ミヤマアキノキリンソウなど
- 五辻
- 聖光寺
- 親湯入口
- 1452
- 茅台山展望台 南側、西側の展望よし
- 蓼科
- 瓢箪坂
- 11月下旬～4月下旬は閉鎖
- 1939.4
- 蓼科別荘地
- メルヘン街道
- MAP②(P8-9)

美笹温泉へ
臼田宇宙空間観測所
1439
1212
1217
1873
1391
NHK外国放送八千穂受信所
1646
1298
八千穂駅へ
佐久町
北尾根
1497
1871
八千穂村
岳
クマザサとダケカンバの
黄葉のコントラストが美しい
急坂。
スリップに注意
9P108-111
八柱山
2114
落葉松尾根
1736
1464
写真を撮るのに
最適な場所
雨池
雨池分岐
八柱山登山口
ベニバナイチヤクソウ、
レンゲツツジが見られる
八千穂高原自然園
駒出池キャンプ場
池峠
ムギワラ、コバギボウシ、
チダケサシ、シナノオトギリ、
ゴゼンタチバナ、ヤマハハコ、
ミヤマシシウドなどが見られる
八ガ嶺橋
35台
八千穂レイク
1548.4
展望台
2386
やせ尾根が続く。
要注意
1716
1874
八千穂高原スキー場
1459
6P86-93
9P108-111
9P108-111
臼山
中小場
2232
剣ガ峰
2010
1807
カラマツ林業センター
岩場の高みで北方の茶臼岳と
南方の南八ガ岳の展望がよい
ふるさとの森
大石峠
登山口から2分ほどで
山頂に立てる
諏訪門
タカネママコナ、シソバ、
ヤナギラン、ハクサンフウロなど
1540
麦草峠
2120
茶水池
白駒池入口
青苔荘
2084
48台
WC
麦草ヒュッテ
100台
有料
小海リエックス・
スキーバレー
松原湖駅
苑地
高見石小屋
高見石
分岐
ハクサンシャクナゲ、ツマトリソウ、
エンレイソウなど
野草園
白駒峠
白駒池
白駒荘
丸山
2330
6P86-93
10P118-123
8P98-104
MAP②(P8-9)
MAP③(P10-11)
登山口

MAP ②

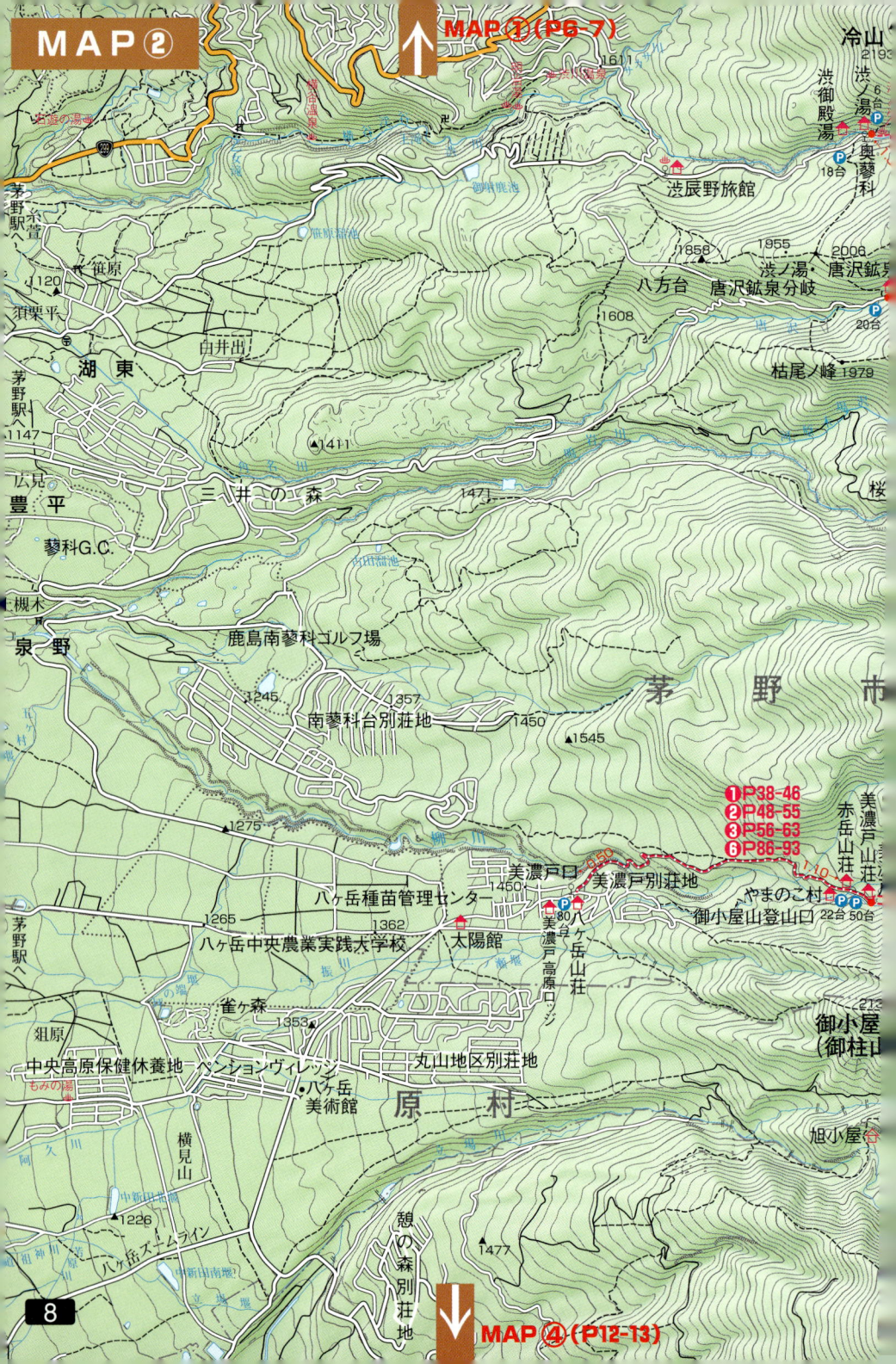

MAP ①(P6-7)

① P38-46
② P48-55
③ P56-63
⑥ P86-93

MAP ④(P12-13)

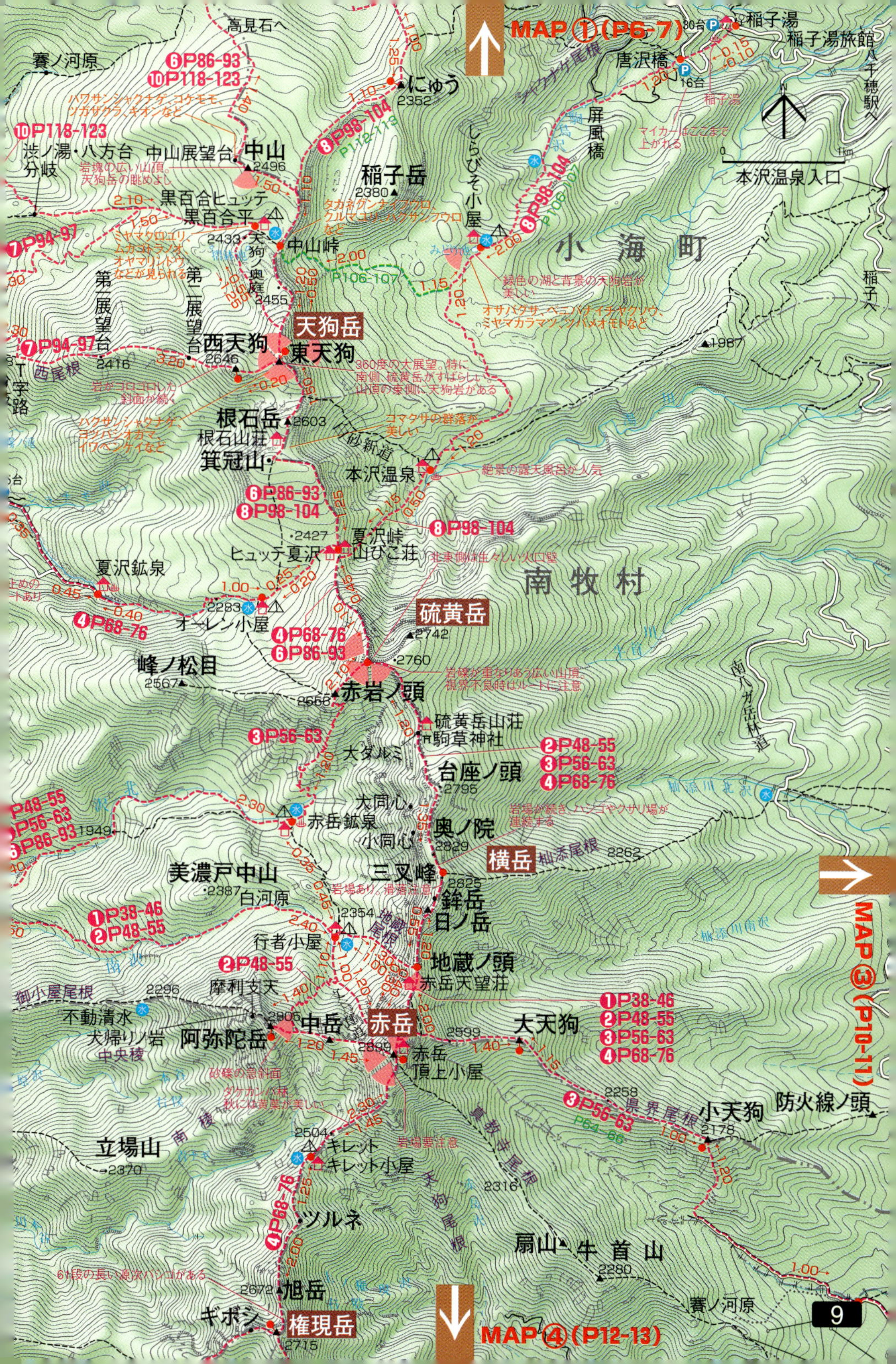
MAP①(P6-7)
高見石へ
賽ノ河原
にゅう
2352
稲子岳
2380
中山
2496
中山展望台
渋ノ湯・八方台分岐
岩塊の広い山頂。天狗岳の眺めよし
黒百合ヒュッテ
黒百合平
中山峠
天狗奥庭
天狗岳
東天狗
西天狗
2646
第二展望台
360度の大展望。特に南側、硫黄岳がすばらしい。山頂の東側に天狗岩がある
根石岳
2603
根石山荘
箕冠山
本沢温泉
絶景の露天風呂が人気
夏沢峠
ヒュッテ夏沢
山びこ荘
夏沢鉱泉
オーレン小屋
硫黄岳
2742
2760
赤岩ノ頭
岩塊が重なりあう広い山頂。視界不良時はルートに注意
峰ノ松目
2567
硫黄岳山荘
駒草神社
大ダルミ
台座ノ頭
2795
赤岳鉱泉
大同心
小同心
奥ノ院
2829
岩場が続き、ハシゴやクサリ場が連続する
横岳
三叉峰
2825
鉾岳
日ノ岳
美濃戸中山
2387
白河原
行者小屋
地蔵ノ頭
赤岳天望荘
摩利支天
中岳
赤岳
2899
赤岳頂上小屋
阿弥陀岳
2805
不動清水
犬帰りノ岩
中央稜
砂礫の急斜面
大天狗
小天狗
2178
防火線ノ頭
県界尾根
真教寺尾根
立場山
2370
キレット
キレット小屋
岩場要注意
ツルネ
扇山
牛首山
2280
旭岳
2672
ギボシ
権現岳
2715
61段の長い鉄製ハシゴがある
賽ノ河原
小海町
南牧村
稲子湯
稲子湯旅館
唐沢橋
マイカーはここまで上がれる
しらびそ小屋
屏風橋
本沢温泉入口
稲子へ
南八ケ岳林道
MAP③(P10-11)
MAP④(P12-13)

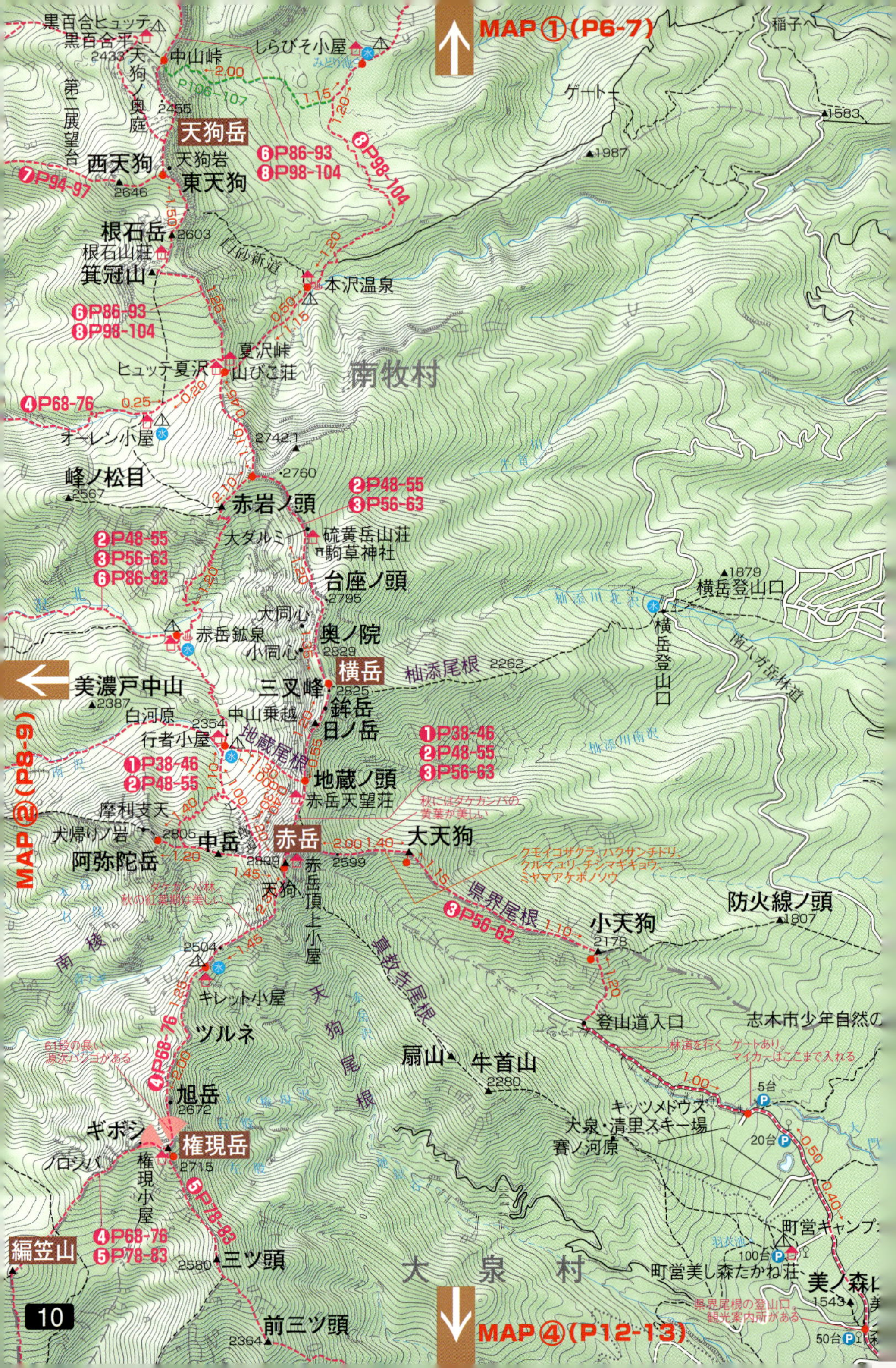

MAP①(P6-7)
MAP②(P8-9)
MAP④(P12-13)
天狗岳
東天狗
西天狗
天狗岩
中山峠
黒百合ヒュッテ
黒百合平
天狗ノ奥庭
第二展望台
しらびそ小屋
みどり池
ゲート
稲子へ
根石岳
根石山荘
箕冠山
白砂新道
本沢温泉
夏沢峠
ヒュッテ夏沢
山びこ荘
南牧村
オーレン小屋
峰ノ松目
赤岩ノ頭
硫黄岳山荘
駒草神社
大ダルミ
台座ノ頭
大同心
小同心
赤岳鉱泉
奥ノ院
横岳
三叉峰
鉾岳
日ノ岳
杣添尾根
横岳登山口
杣添川北沢
杣添川南沢
南八ヶ岳林道
美濃戸中山
白河原
中山乗越
行者小屋
地蔵尾根
地蔵ノ頭
赤岳天望荘
摩利支天
大帰りノ岩
阿弥陀岳
中岳
赤岳
赤岳頂上小屋
大天狗
秋にはダケカンバの黄葉が美しい
クモイコザクラ、ハクサンチドリ、クルマユリ、チシマギキョウ、ミヤマアケボノソウ
県界尾根
小天狗
防火線ノ頭
ダケカンバ林 秋の紅葉期は美しい
天狗尾根
真教寺尾根
キレット小屋
ツルネ
登山道入口
志木市少年自然の
林道を行く。ゲートあり。マイカーはここまで入れる
扇山
牛首山
61段の長い漂流バシゴがある
旭岳
ギボシ
権現岳
権現小屋
ノロシバ
キッツメドウズ
大泉・清里スキー場
賽ノ河原
町営キャンプ
町営美し森たかね荘
美ノ森
県界尾根の登山口。観光案内所がある
編笠山
三ツ頭
前三ツ頭
大泉村
南稜

MAP ③

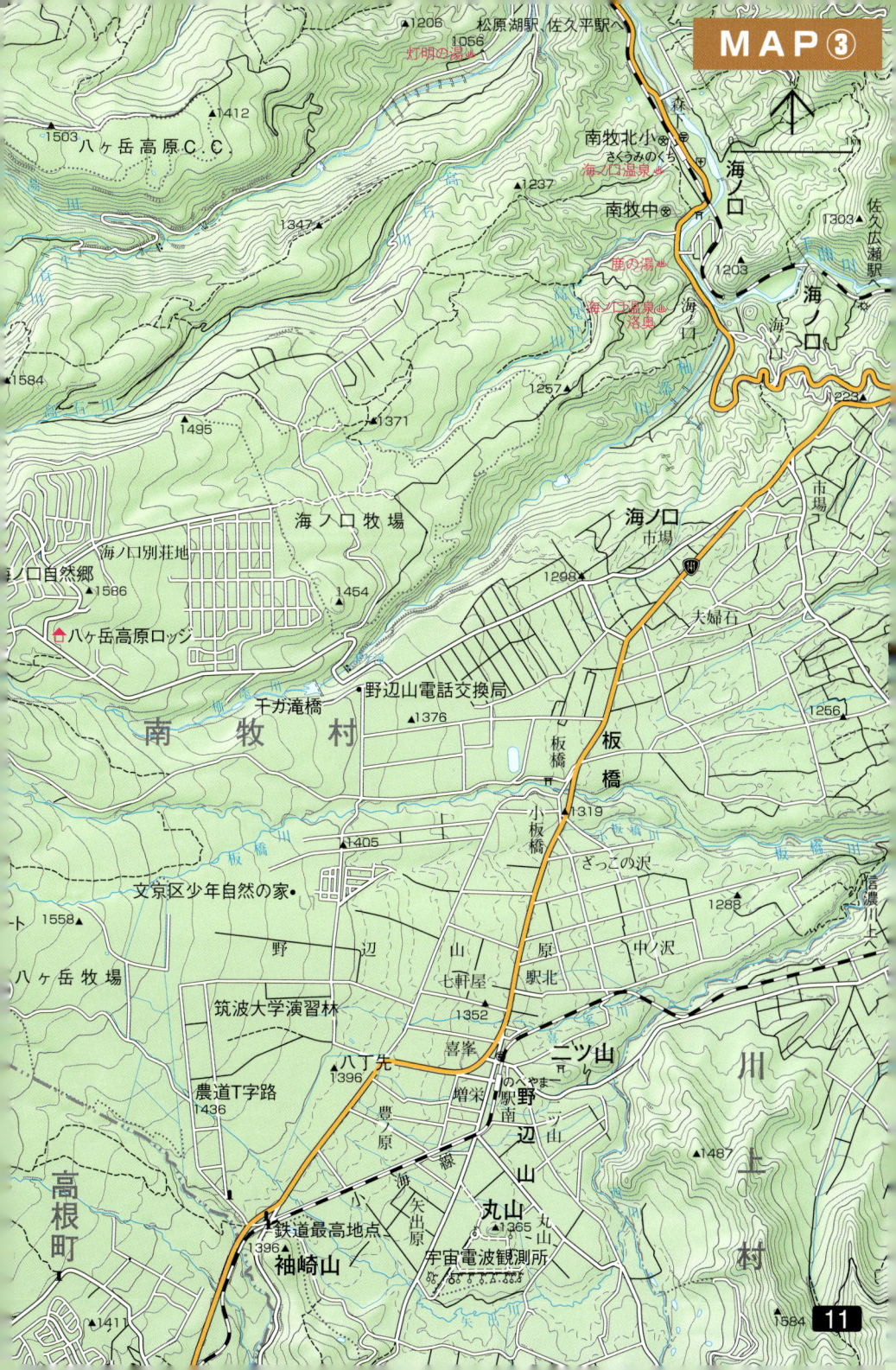

地図上の主な地名・注記:

- MAP②(P8-9) 西岳
- ギボシ
- 権現岳 2715
- 権現小屋
- 乙女ノ水
- 青年小屋
- 編笠山 2524
- 三ツ頭 2580
- 2364
- 前三ツ頭 2282
- 富士見町
- 長坂町
- 大泉村
- ▲1515
- シャクナゲ公園分岐 2095
- 不動清水
- 盃流し
- 小淵沢町
- 押手川
- 木戸口公園
- ④P68-76
- ⑤P78-83
- 雲海
- 早乙女河原展望台
- ▲1649
- 富士見平
- 観音平グリーンロッジ
- 延命水
- 観音平
- 八ガ岳神社
- ▲1528
- 富士見高原スキー場
- ▲1424
- 八峰苑鹿の湯
- 富士見高原ゴルフ場
- 富士見平分岐
- 鐘掛松
- 三里原
- ▲1134
- 富士見高原保健休養地
- 富士見 ▲217
- 三ツ頭登山口
- 八ヶ岳公園道路 1271
- 観音平入口
- 信玄棒道分岐 ▲1141
- 八ヶ岳牧場
- 八ヶ岳泉郷
- ▲1045
- 十六番観音
- 諏訪IC
- 小淵沢ゴルフ場
- 大東豊
- 一番観音
- 小荒間
- ④P68-76
- ⑤P78-83
- 篠原
- 小荒間西
- 小荒間中
- 1026
- いこいの村八ヶ岳
- 940
- ペンション小淵沢
- 玄棒道
- 女取川
- 小荒間東 1007
- 茅野駅へ
- 中央自動車道
- 小淵沢インターチェンジ
- 帝京短期大学
- 小淵沢中
- 小荒間番所跡
- 916
- 上原
- 正久保
- こぶちざわ
- 帝京第三高
- 小淵沢
- 尾根
- 韮崎駅へ
- 韮崎IC・高井戸ICへ
- 女取

12

MAP③(P10-11) MAP④

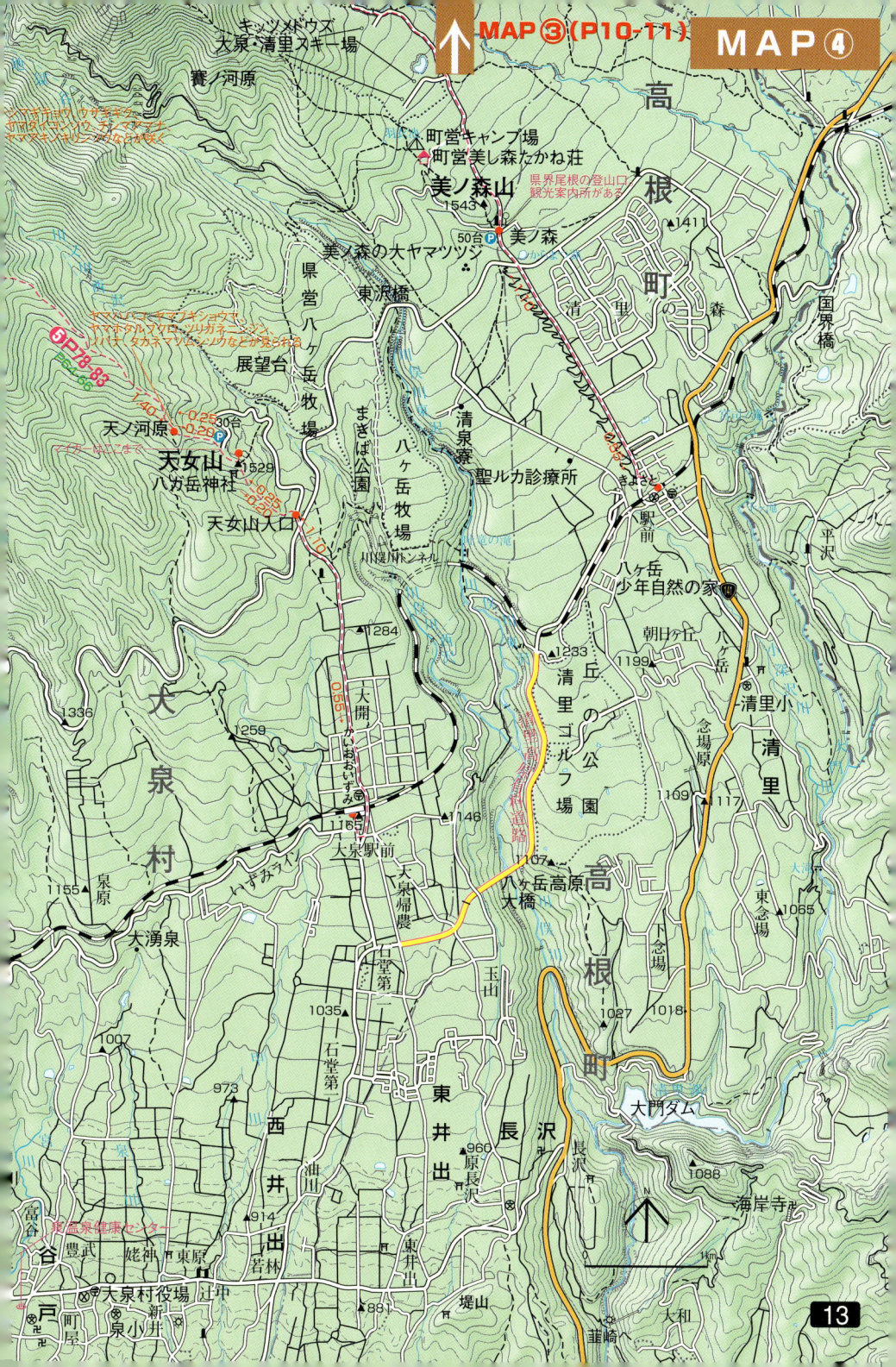

1:25,000

上槻へ
桜平 P 35台
車止めのゲートあり
0.35
夏沢鉱泉
0.45
④ P68-76
0.40

峰ノ松目
2567

茅野市

北沢沿いの道では、ヤマホタルブクロ、ヤナギラン、ムシトリスミレ、ミソガワソウ、ネジバナなどが咲く

1949

① P38-46
② P48-55
③ P56-63
⑥ P86-93

② P48-55
③ P56-63
⑥ P86-93

赤岳山荘　美濃戸山荘

美濃戸中
238

1.40

やまのこ村
美濃戸口へ
P 22台　P 50台
美濃戸
1.50

南沢沿いの道ではヤグルマソウ、ヤナギラン、クルマユリ、テガタチドリ、キオン、サラシナショウマ、コバノコゴメグサなどが見られる

① P38-46
② P48-55

美濃戸口へ

クサボタン、ヤマホタルブクロ、キバナノヤマホタルブクロ

南沢

御小屋尾根
2137
御小屋山
(御柱山)

2296
不動清水

旭小屋

14

MAP ⑤

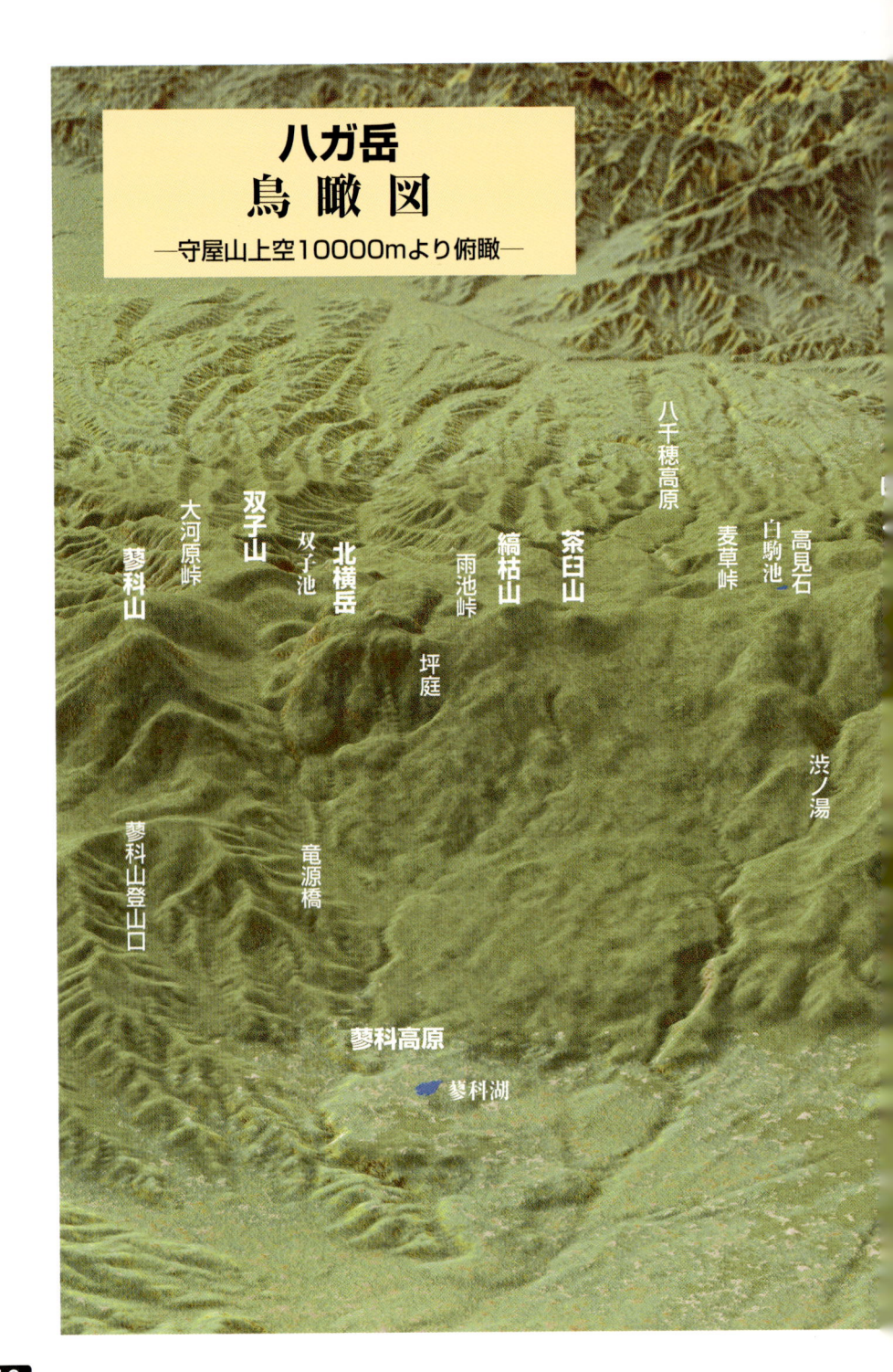

八ガ岳 鳥瞰図
―守屋山上空10000mより俯瞰―

八千穂高原
高見石
白駒池
麦草峠
大河原峠
双子山
双子池
北横岳
縞枯山
雨池峠
茶臼山
蓼科山
坪庭
渋ノ湯
竜源橋
蓼科山登山口
蓼科高原
蓼科湖

松原湖 ◀

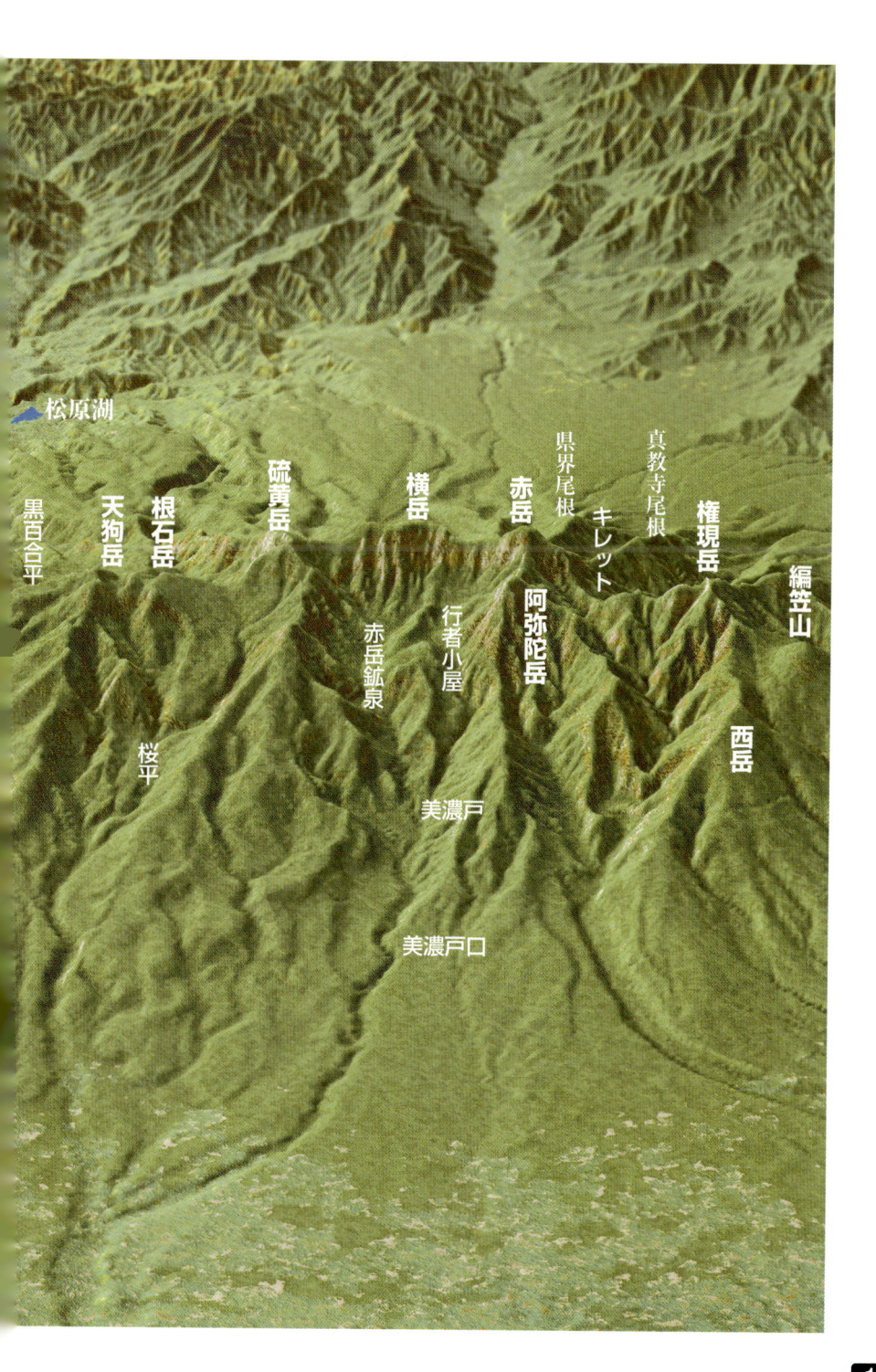

黒百合平　天狗岳　根石岳　硫黄岳　横岳　真教寺尾根　県界尾根　赤岳　キレット　権現岳　編笠山

桜平　赤岳鉱泉　行者小屋　阿弥陀岳　西岳

美濃戸

美濃戸口

山行プランニング PLAN

八ガ岳　北八ガ岳　蓼科山

- 日　　程 →
- コ　ー　ス →
- アクセス →
- 用　　具 →
- 危険回避 →

3000m近い峰が連続するハガ岳は、アルプスに匹敵するスケールを誇っている。ここに登るには、当然のことながら、この山々を理解し、登山についての知識を深め、登山者としてのマナーを守らなくてはならない。まずそれらを知っておこう。

どこにある？

八ガ岳は、本州のほぼ中央に位置し、長野県中東部と山梨県北部にまたがっていて、日本の屋根とよばれる日本アルプスに隣接している。北アルプスの東側に連立してそれと対峙し、南アルプスの北側に座って、北へと主稜をのばしている。したがって、八ガ岳からは北アルプ

八ガ岳最北端の蓼科山からは、眼前に北横岳が、その背後には南八ガ岳が裾野を広げている

山行プランニングに役立つ!!　八ガ岳カレンダー

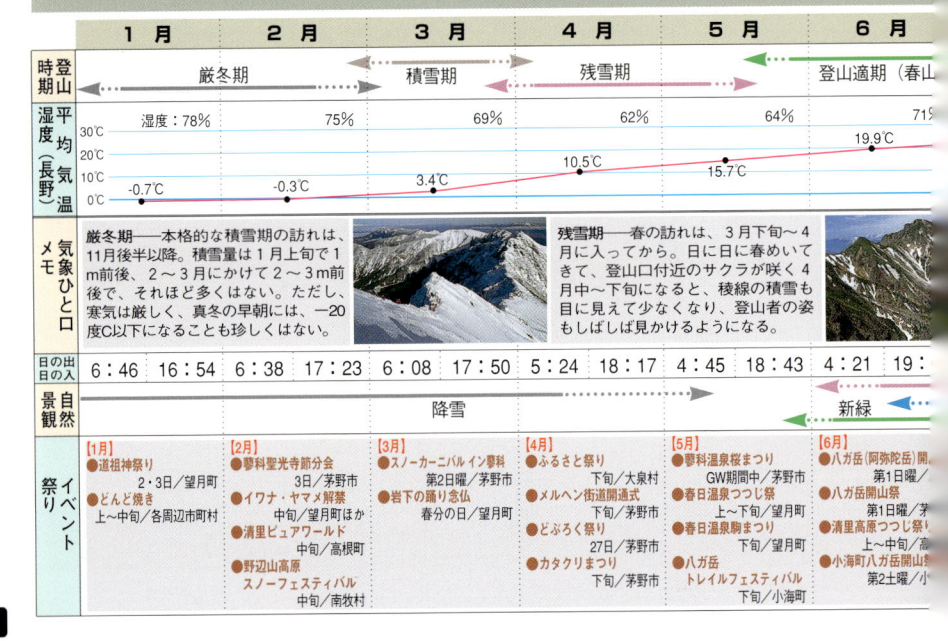

	1月	2月	3月	4月	5月	6月
登山時期	厳冬期	厳冬期／積雪期	積雪期	残雪期	残雪期／登山適期	登山適期（春山
平均湿度・気温（長野）	湿度:78%　-0.7℃	75%　-0.3℃	69%　3.4℃	62%　10.5℃	64%　15.7℃　19.9℃	71%
気象ひとくちメモ	厳冬期——本格的な積雪期の訪れは、11月後半以降。積雪量は1月上旬で1m前後、2〜3月にかけて2〜3m前後で、それほど多くはない。ただし、寒気は厳しく、真冬の早朝には、ー20度C以下になることも珍しくはない。			残雪期——春の訪れは、3月下旬〜4月に入ってから。日に日に春めいてきて、登山口付近のサクラが咲く4月中〜下旬になると、稜線の残雪も目に見えて少なくなり、登山者の姿もしばしば見かけるようになる。		
日の出・日の入	6:46　16:54	6:38　17:23	6:08　17:50	5:24　18:17	4:45　18:43	4:21　19:
景観・自然	降雪				新緑	
祭り・イベント	【1月】●道祖神祭り　2・3日／望月町　●どんど焼き　上〜中旬／各周辺市町村	【2月】●蓼科聖光寺節分会　3日／茅野市　●イワナ・ヤマメ解禁　中旬／望月町ほか　●清里ピュアワールド　中旬／高根町　●野辺山高原スノーフェスティバル　中旬／南牧村	【3月】●スノーカーニバル イン 蓼科　第2日曜／茅野市　●岩下り念仏　春分の日／望月町	【4月】●ふるさと祭り　下旬／大泉村　●メルヘン街道開通式　下旬／茅野市　●どぶろく祭り　27日／茅野市　●カタクリまつり　下旬／茅野市	【5月】●蓼科温泉桜まつり　GW期間中／茅野市　●春日温泉つつじ祭　上〜下旬／望月町　●春日温泉駒まつり　下旬／望月町　●八ガ岳トレイルフェスティバル　下旬／小海町	【6月】●八ガ岳（阿弥陀岳）開　第1日曜／　●八ガ岳開山祭　第1日／　●清里高原つつじ祭　上〜中旬／　●小海町八ガ岳開山祭　第2土曜／

ス、中央アルプス、南アルプスの山々を指呼の間に望むことができ、日本アルプスの展望台といっても過言ではない。もちろん、標高日本第一位の富士山も視界におさまる。

山の特徴は？

八ガ岳は、大小約20個近い噴出口を抱えた諸火山の集合体である。北部で西に弧を描いているが、南端の編笠山から北端の蓼科山まで、ほぼ一直線、南北21kmの火山列を形成している。

一般的には、連峰のほぼ中間の夏沢峠を境に、北を北八ガ岳、南を南八ガ岳と分けてよんでいる。

南八ガ岳は、主峰・赤岳を筆頭に、権現岳、横岳、阿弥陀岳、硫黄岳などが高さを競い、比類のない高山植物の宝庫となっていて、山岳展望も抜群である。

一方、北八ガ岳は、苔むす針葉樹林の森が広がり、林床や、ところどころで現れる岩が美しく、その中に神秘的な池が点在している。珍しい縞枯現象も、この山域の特徴のひとつだろう。

なお、山麓は、火山地形特有の広大な高原が、諏訪側、佐久側、山梨側に開け、自然と一体化したレジャー施設や温泉が多い。

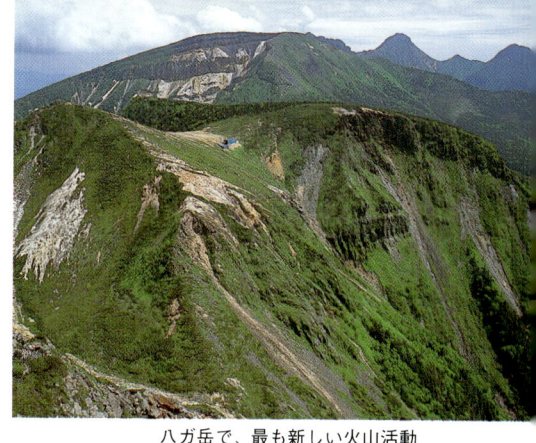

八ガ岳で、最も新しい火山活動があったとされる山域は硫黄岳周辺。西天狗山頂から根石岳や硫黄岳を望むと、爆裂火口が生々しい

●長野の気温・湿度は1971〜2000年までの平均値（平年値）です。一般に標高が1000m上昇するごとに気温は0.6℃下がります。また、7〜8月につきましては、標高2330m（夏沢峠付近）の午前9時の観測データ（1992〜2001年）を平均値で掲載しています。
●日の出、日の入時刻は毎月1日、赤岳山頂の北緯35°58′03″、東経138°22′23″、標高2899mで計算しています。

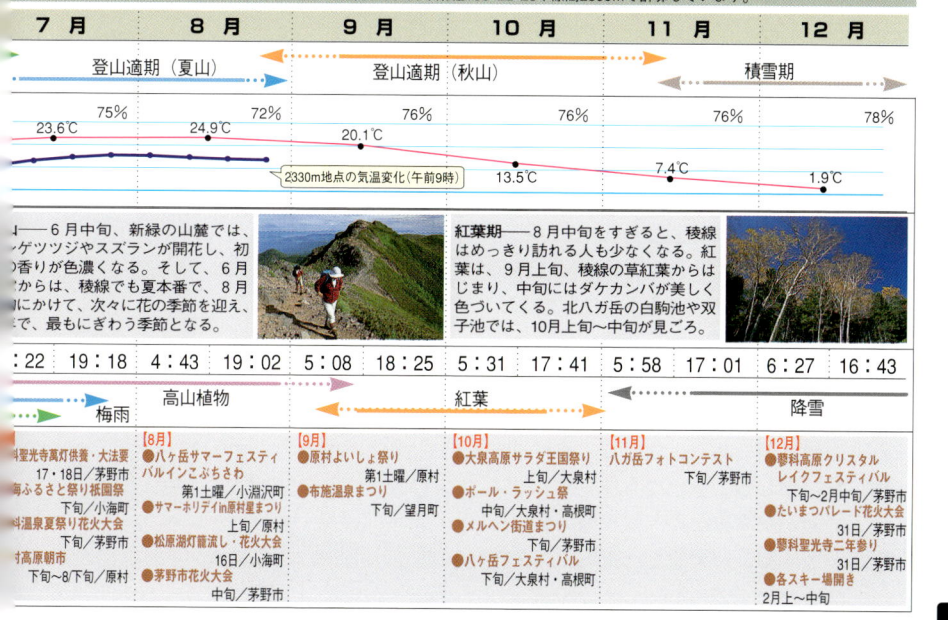

7月	8月	9月	10月	11月	12月
登山適期（夏山）		登山適期（秋山）		積雪期	
75% 23.6℃	24.9℃ 72%	76% 20.1℃	76% 13.5℃	76% 7.4℃	78% 1.9℃

2330m地点の気温変化（午前9時）

6月中旬、新緑の山麓では、ゲツツジやスズランが開花し、初香りが色濃くなる。そして、6月からは、稜線でも夏本番で、8月にかけて、次々に花の季節を迎え、で、最もにぎわう季節となる。

紅葉期——8月中旬をすぎると、稜線はめっきり訪れる人も少なくなる。紅葉は、9月上旬、稜線の草紅葉からはじまり、中旬にはダケカンバが美しく色づいてくる。北八ガ岳の白駒池や双子池では、10月上旬〜中旬が見ごろ。

22 19:18	4:43 19:02	5:08 18:25	5:31 17:41	5:58 17:01	6:27 16:43
梅雨	高山植物		紅葉		降雪

【8月】
●八ヶ岳サマーフェスティバルinこぶちさわ
第1土曜／小淵沢町
●サマーホリデイin原村星まつり
上旬／原村
●松原湖灯籠流し・花火大会
16日／小海町
●茅野市花火大会
中旬／茅野市

【9月】
●原村よいしょ祭り
第1土曜／原村
●布施温泉祭り
下旬／望月町

【10月】
●大泉高原サラダ王国祭り
上旬／大泉村
●ポール・ラッシュ祭
中旬／大泉村・高根町
●メルヘン街道まつり
中旬／茅野市
●八ヶ岳フェスティバル
下旬／大泉村・高根町

【11月】
●八ガ岳フォトコンテスト
下旬／茅野市

【12月】
●蓼科高原クリスタルレイクフェスティバル
下旬〜2月中旬／茅野市
●たいまつパレード花火大会
31日／茅野市
●蓼科聖光寺二年参り
31日／茅野市
●各スキー場開き
2月上〜中旬

ベスト・シーズンは？

　八ガ岳は、冬の積雪はさほど多くなく、雪融けは早い。5月になると、降雨のたびに残雪はみるみる減り、6月上旬には新緑前線が森林限界にまで達する。このころから夏山登山シーズンがはじまり、梅雨の終わる7月下旬からがベスト・シーズンとなる。

　南八ガ岳の稜線付近では、高山の花がいっせいに開花を競い、稜線は花で埋まる。8月下旬になると、花の数は少なくなるが、9月下旬まで、静かな山旅が味わえる。10月に入ると紅葉がはじまり、ふたたび登山者でにぎわうが、日照時間が短くなり、冬将軍の到来は近い。

麦草峠から主稜を北上した最初の展望台、中小場。麦草峠と茶臼山の中間点で、最適な休憩地だ

南八ガ岳の主稜、ツルネを権現岳方面に向かう登山者。砂礫帯にはコマクサが咲き、展望もいい

何日で歩く？

　八ガ岳は、観光地として脚光を浴びてきた背景から、かなり奥地まで道路網が整備され、ほとんどのコースは、最寄り駅から登山口までバスが運行されている。したがって、北八ガ岳では、日帰り山行も充分可能である。ただし、通常は1泊2日で楽しむとよいだろう。南八ガ岳は、登路が急峻なため、最短の美濃戸口（みのとぐち）からでも1泊2日を要し、縦走では2泊か3泊が必要。本書で紹介しているコースタイムは、経験・体力ともごく普通か、平均を若干下回っている人が、無理なく歩ける時間を設定している。しかし、歩行時間は、体調や気温、個人差によって異なるので、あくまでも参考にして、余裕をもって行動しよう。

山小屋を利用するには？

　八ガ岳の山小屋は、ほかの山域に比べて、格段に数が多い。登山口や山中はもとより、稜線上のあちこちに存在する。これらを有効かつ積極的に利用すれば、山行の幅が広がるばかりではなく、さまざまな登山の楽しみ方ができるだろう。

　宿泊するには、営業期間が限定される山小屋もあるので、出発前に問い合せておこう。宿泊を希望する場合は、予約を入れることがマナーで、その際、

上から赤岳北峰に建つ赤岳頂上小屋、営業期間限定のキレット小屋、権現岳直下の権現小屋、高見石横の高見

料金、食事、個室の有無などの条件をチェックしておこう。山小屋によっては、夕食のメニューがいくつかあり、その中から自由に選べたり、バイキング方式のところもある。また、入浴やシャワーの使える山小屋も出現している。

山小屋を利用する際は、遅くても午後4時には到着し、注意事項を守って、他人の迷惑にならないよう努めなければならない。就寝時間をすぎての飲酒や会話は厳禁だ。

上から人気の高い黒百合ヒュッテ、白駒池湖畔の白駒荘、同じく青苔荘、北横岳ヒュッテ

テントを利用するには？

八ガ岳では、テントを設営できる場所が限られている。幕営地は、そのほとんどが山小屋管理で、利用料金が必要となる。幕営地を管理する山小屋にキャンプの申込みをし、トイレや水場を確認することはもちろん、注意事項を守って、自然を汚さない配慮が大切だ。また、食料はあらかじめ外袋を取り除くなど、事前にゴミが出ない配慮をしておくとよいだろう。

どこを歩く？

森林浴や、森と湖の神秘的な風景を堪能するには北八ガ岳が適し、高山の花を愛でたり、荒々しい岩場の登下降を楽しむには南八ガ岳が最適である。

●南八ガ岳を歩く

八ガ岳の主峰・赤岳に登る一般的な入山口としては、諏訪側の美濃戸口があげられる。ここから歩いて約1時間の美濃戸は、南八ガ岳への起点ともいうべき登山口で、赤岳鉱泉から硫黄岳、横岳経由で赤岳への北沢コース、行者小屋経由の地蔵尾根から天望荘を経て赤岳、文三郎道から赤岳、中岳道から阿弥陀岳を経て赤岳に登る南沢コースがのびている。

赤岳からは権現岳、編笠山へと縦走する山岳展望と花のコースや、クサリやハシゴが連続する急峻豪快な県界尾根コースが佐久側の清里に向かっている。稜線付近は高山植物の宝庫で、花の最盛期は大勢の登山者でにぎわう。

オーレン小屋の前にあるテント場。涸れることのない名水の水場もある

編笠山北側の登山道から権現岳方面の展望。青年小屋も見える

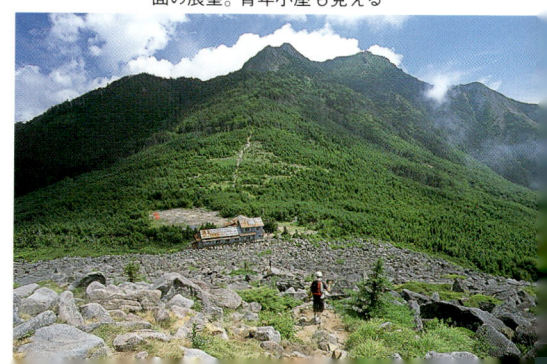

夏沢コース上のオーレン小屋と夏沢峠間の針葉樹林。深い森は北八ガ岳の魅力のひとつ

● **北八ガ岳を歩く**

　北八ガ岳は、交通手段が特に発達し、麦草峠へは国道が通じ、バス便もある。白駒池や雨池の周遊コース、茶臼山から縞枯山そして雨池峠への主稜コースがある。北横岳ロープウェイを利用すれば、坪庭を通って北横岳まで短時間で登れる。北方の大河原峠からは、双子池、亀甲池の池巡りコース。南方の夏沢峠からは、コマクサのお花畑・根石岳、天狗岳、中山、高見石を経て麦草峠への縦走コースがのびている。秘湯・稲子湯からは、神秘なみどり池へのコースがある。

● **蓼科山周辺を歩く**

　蓼科山は端正なコニーデ型の火山。そのため麓からいくつものコースがのびている。昔から登られている女乃神茶屋前からのコースが正道で、本書ではこのコースを紹介している。大河原峠からは蓼科山への最短コース。北八ガ岳全縦走コースのフィナーレとして本書で紹介している。将軍平は分岐点で、天祥寺原から、7合目から、大河原峠からの道が合流し、山頂まではひと登りである。

アクセスはどうする？

　JR利用の場合、諏訪側からは、中央線の茅野駅が起点駅で、八ガ岳西側の各登山口にバス路線が充実している。佐久側は小海線の清里駅、小海駅、八千穂駅からバス運行がある。マイカーは中央自動車道の諏訪ICか、小淵沢ICから入る。

将軍平に建つ新装となった蓼科山荘の前は、蓼科山を望む格好の休憩地

左：茅野駅西口前に八ガ岳へのバス乗り場がある
右：八ガ岳最南端の編笠山への起点、小淵沢駅

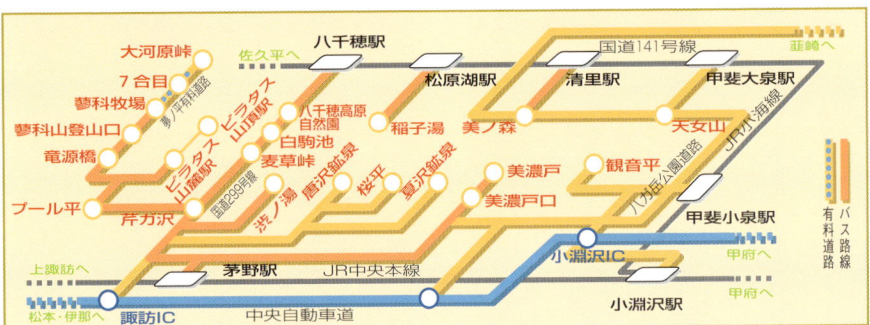

服装はどうする？

岩場や急な砂礫地があるコースは、しっかりした登山靴を履きたい。ズボンも初心者や体力に自信のない人は、登山用として市販されているスラックスを着用のこと。Tシャツは速乾性のものを選びたい。朝晩の冷え込みにはフリースの長袖シャツがあると有効だ。帽子、バンダナ、手袋、マフラーはあると重宝する。

持っていきたい用具は？

南八ガ岳では、滑りやすい急峻な坂道や岩場などが随所にあるので、ストックを1本用意すると、足への負担が格段に軽減される。水筒、サングラス、ザックカバー、雨具、タオル、ヘッドランプ（懐中電灯）は必需品。カメラ、高山植物図鑑（花の山旅『八ガ岳』（山と渓谷社）は花図鑑とコースガイド付属で便利）、地図、磁石なども持ちたいグッズ。虫よけスプレーも有効だ。

危険を回避する方法は？

夏期は、朝好天でも午前10時前後を境に雲が出ることが多く、7月下旬ごろの最も暑い時期には、午後になって雷雨が発生することも珍しくない。「出発は早朝に、到着は午後の早い時間に」を心がけ、途中で雷雲が発生したら、近くの山小屋に避難したり、引き返す勇気をもとう。硫黄岳山頂など、広い場所で霧に巻かれたら、道わきのロープを目印にするとよい。

上：赤岳鉱泉付近から望む横岳大同心。霧がかかると幻想的だ
下：クサリ場やハシゴ場では慎重に行動しよう

八ヶ岳の四季

八ヶ岳は夏沢峠を境に、それより北を北八ヶ岳、南を南八ヶ岳とよぶ。北八ヶ岳は深い針葉樹の森に神秘的な湖が点在し、南八ヶ岳は赤岳を代表する荒々しい岩稜の峰が連なっている。多様化する自然が凝縮された八ヶ岳は、めぐりくる四季の自然がことのほか優美だ。

深い雪に守られた稜線付近の草花は、やがて来る雪融けの春をじっと待つ。強い太陽の日差しや、やさしい降雨によって残雪は日を追って少なくなり、春の足音は徐々に確実に近づいてくる。しかし、突然、狂ったかのように季節はずれの冬将軍がやってくることだって、まれではない。そんな翌朝は決まって木々に樹氷の華が咲き、冷えこんだ早朝には霧氷が

左：白駒池周辺に広がる、残雪に覆われた針葉樹林。降雨が幹を伝って木の根元に穴をあける
下：5月下旬の赤岳は残雪が映えて美しい模様を描く。主稜の道は、すでに雪が融けている

見られる。ゴールデンウィークが近づくと、麓ではミズバショウやカタクリが可憐な花を咲かせる。南八ガ岳の主稜線上では、残雪の輝きが極限に達し、登山する人は、一年のうちで最も日に焼ける季節となる。

春

一進一退の寒暖を繰り返し、冬から春へとゆったり季節は変わる。

浅い中山展望台から天狗岳の双耳峰を望む。夏から秋の無積雪期とは異なり、特に東天狗は荒々しい顔を見せる

夏

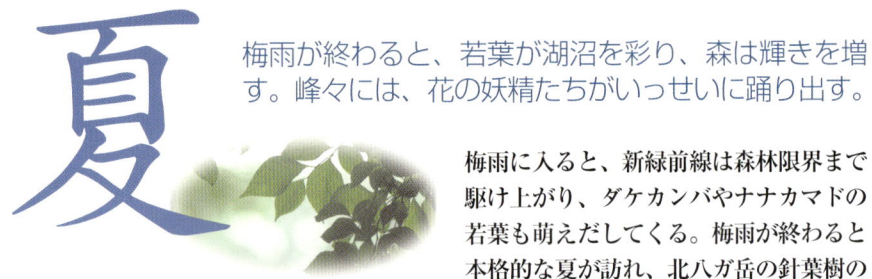

梅雨が終わると、若葉が湖沼を彩り、森は輝きを増す。峰々には、花の妖精たちがいっせいに踊り出す。

梅雨に入ると、新緑前線は森林限界まで駆け上がり、ダケカンバやナナカマドの若葉も萌えだしてくる。梅雨が終わると本格的な夏が訪れ、北八ガ岳の針葉樹の

横岳奥ノ院から望む鮮やかな緑一色に覆われた赤岳。右後に権現岳が、背後に南アルプスが広がる

森に点在する湖が、微笑みをたたえる美しい季節を迎える。白駒池にはボートが浮かび、観光客の歓声が周囲の森にこだまする。硫黄岳付近の褐色の砂礫帯には、ピンク色のコマクサが、ジュウタンを敷き詰めたように咲き競う。横岳から赤岳、権現岳からギボシへの稜線上は、まるで花々の楽園と化し、多様な高山のお花畑があちこちで見られる。雷雨が起こるのもこの時期である。

右：八ガ岳の特産種、ヤツガタケキスミレ
下：硫黄岳山荘付近は八ガ岳最大のコマクサのお花畑が広がる

八ガ岳最大の湖、白駒池の西側一帯には水草が生え、夏のひとときを彩っている。夏期は水量が最も豊富

中小場から望む麦草峠とその南方の丸山。典型的な火山台地がのびやかに広がる。青空に綿雲が印象的だ

秋

稜線の草紅葉にはじまり、絢爛たる紅葉は山肌を徐々に降りてくる。

八千穂高原には広大なシラカバ林が広がる。新緑の美しさはよく語られるが、紅葉は意外と知られていない

8月下旬、稜線上のトウヤクリンドウが色あせると、朝晩はめっきり冷えこむようになる。9月中旬、稜線上の草紅葉から紅葉がはじまり、森林限界のナナカマドを紅色に、ダケカンバを黄色に染めあげ、約1カ月かけて麓まで降りてくる。山々が、最も豪華絢爛に冴えわたる最後の彩りといえる季節である。それもつかの間、ダケカンバなどの木々は、ある日、突然落葉して裸体をさらけ出す。標高の高い湖では、早朝、湖面に氷が張るようになり、稜線を吹き渡る風は、ほほをナイフで切り裂くような鋭さに変わってくる。

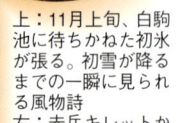

上：11月上旬、白駒池に待ちかねた初氷が張る。初雪が降るまでの一瞬に見られる風物詩
左：赤岳キレットから望む紅葉彩る阿弥陀岳。ハイマツの緑色、ダケカンバの黄葉が映える

雨池は降雨のたびに出現する広大な湖。そのためこの名がある。紅葉の森と縞枯山が湖面に映えて優美

冬

突然、冬将軍がやって来て、さまざまな地上の生き物を、やがて来る春まで眠りに就かせる。

二十三夜峰の北方から、赤岳を眼前に元旦のご来光を拝す

ある日、不意の降雪によって風景は一変する。初雪は2日間ほどでいったん融けるが、やがて根雪となり、積雪は増す。八ガ岳は太平洋高気圧の縁に位置し、冬型の気圧配置になると、気温はマイナス30度Cにも下がり、硫黄岳から赤岳付近は強風が吹き荒れる。ブリザードの去ったあとの雪面には、鋭利なナイフで削ったような模様のシュカブラが描かれる。そして、冬の風物詩、樹氷や岩氷が見られ、北八ガ岳ではダイヤモンドダストが静かに降ってくる。

花の山 八ガ岳で お花畑 散策

八ガ岳の植物群は、広大な大群落地帯こそないが、種類の豊富さでは他山域の比ではない。標高1500m以上の亜高山帯から高山帯に生息する植物は1000余種にものぼる。赤岳を筆頭に、南八ガ岳の主稜の峰々に、多種多様な花が咲く比類のないお花畑が広がっている。

南八ガ岳 硫黄岳　コマクサを見よう

硫黄岳山荘の建つ大ダルミ周辺と、そこから南へ一段上がった砂礫帯には、八ガ岳では最大のコマクサのお花畑が広がっている。花期は7月下旬ごろ。

コマクサは高山植物の女王とよばれ、他の植物が生息できない厳しい生活環境にみごとに適応して生きている。そこは、ハイマツでさえ生きることができないほど風や乾燥が極度に強く、砂礫の移動が顕著な場所である。一種一属のコマクサは、ほかの植物とは混生せず、ピンク色の花をいっせいに咲かせ、斜面を彩る光景は実に美しい。

南八ガ岳 赤岳　ヤツガタケキスミレを見よう

　八ガ岳にのみ特産するスミレ属の多年草。葉は光沢がなくハート形で大きい。裏表の脈に微毛がある。地蔵尾根ノ頭付近の主稜から南西面に広大なお花畑を形成。7月上旬の花の最盛期には、褐色の砂礫地が黄色に染まるほどに咲き競う。風や乾燥が激しい礫地に力強く生き、コマクサとは生活環境がほぼ同じ場所だが、混生は避けている。

南八ガ岳 阿弥陀岳　シナノキンバイを見よう

　行者小屋から中岳鞍部に通じる中岳道の上部と、中岳鞍部主稜の南側斜面に、ハクサンイチゲと混生している。花期の7月上旬には、一面に群落が広がり、目に眩しく感じるほど明るいお花畑が開ける。高山草原に生える多年草。高さ20〜70cm、上部で枝分かれする。葉は掌状で5裂する。花は3〜4cm。

南八ガ岳 ギボシ　タカネナデシコを見よう

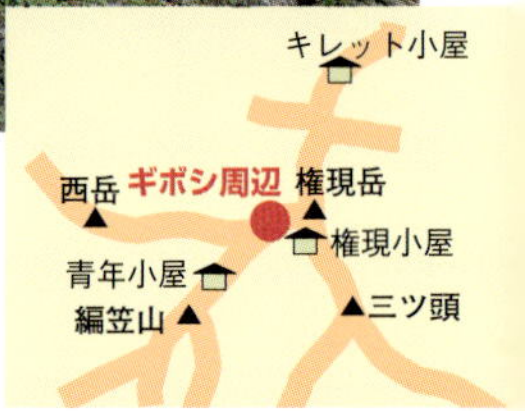

権現岳と編笠山とのほぼ中間点に位置するギボシは、山岳信仰に深い関わりを持つため、擬宝珠とよばれた。権現岳を極楽浄土の山に、ギボシを高山の花に彩られた宝珠に見立てたのだろうか。多種多様な花が地表を彩って咲き競う。その中にひと際異彩を放つ花姿は可憐そのものだ。高さ15～40cm。花期8月上旬。

西岳　ギボシ周辺　権現岳
キレット小屋
青年小屋　権現小屋
編笠山　三ツ頭

北八ガ岳 麦草峠　ヒメシャジンを見よう

麦草峠は、周囲の山からの地下水が豊富で、しかも日当たりがよい好条件から、広大な麦草峠野草園が保護育成管理されている。雪融けの6月から、ミヤマクロユリ、ウルップソウ、ミヤマオダマキなどが咲きはじめ、7月にはニッコウキスゲ、テガタチドリ、タカネビランジ、シナノオトギリなどが咲く。そして、8月に入るとヒメシャジン、ヤナギラン、クガイソウ、ヤツガタケアザミなどの大型の花が咲き競う。ヒメシャジンが咲くお花畑は国道の脇にあり、多種多様な高山植物が楽しめる楽園である。

麦草峠周辺
茶白山
国道299号線
麦草ヒュッテ　青苔荘
丸山　白駒荘
高見石小屋

花図鑑 八ガ岳の高山植物

白色系の花

チョウノスケソウ
高山帯の砂礫地を好む小型の小低木。葉は固く、表面は脈に沿ってへこみ、鋸葉がある。6月中旬〜7月中旬。

クモマナズナ
岩礫地や岩壁に生える小型の多年草。高さ5〜12cm。花は十字状に開き、多数つける。6月上旬〜7月上旬。

イワウメ
高山帯に地をはうように生える常緑小低木。葉は革質で厚い。白い梅の花に似る。7月上旬〜8月中旬。

ミネウスユキソウ
高山帯のやや乾燥した礫地に生える多年草。花は筒状。葉に綿毛が多く、先はとがる。7月上旬〜8月中旬。

ミヤマカラマツ
山腹から高山帯の草地に生える多年草。花はカラマツの葉に似る。鋸葉がある。7月上旬〜8月中旬。

イワヒゲ
高山の岩間に生える草状の常緑小低木。茎と葉は杉の葉に似る。花は鐘状で下向き。7月上旬〜8月中旬。

ハクサンシャクナゲ
針葉樹林帯に混生する1〜3mの常緑低木。花は白色か薄紅色で、緑色の斑点がある。6月中旬〜7月中旬。

コウメバチソウ
高山帯の草地や湿地、岩間に生える多年草。梅の花によく似るウメバチソウの高山変種。8月上旬〜下旬。

シロバナクモマニガナ
ニガナの変種で、20〜50cmの多年草。母種のニガナが黄色に対して、こちらは白色。7月中旬〜8月下旬。

＊文中の期間は花期を示します。

33

ツマトリソウ
亜高山帯から高山帯の林床に生える多年草。葉は輪生し、清楚な花が1個つく。6月下旬～7月下旬。

ミヤマゼンコ
亜高山から高山の草地に特産する多年草。茎の先に複散形の花を多数つける。7月中旬～8月中旬。

ミヤマウイキョウ
高山帯の草地や岩の隙間に生える多年草。7月上旬～8月下旬。

コバノコゴメグサ
低山から高山帯の草地に生える一年草。8月上旬～9月上旬。

トリアシショウマ
亜高山帯の林中や草地に生える多年草。花は円錐状に多数つく。葉は重鋸葉。7月中旬～8月中旬。

ゴゼンタチバナ
亜高山帯から高山帯の林床や林縁に生える、5～15cmの多年草。6月下旬～7月下旬。

ヤマブキショウマ
山域に広く分布する雌雄異種の植物。7月上旬～8月上旬。

オサバグサ
針葉樹林の林の中に生える多年草。6月中旬～7月中旬。

黄色系の花

シナノオトギリ
亜高山帯から高山帯の草地や岩礫地に生える15～30cmの多年草。葉の縁に黒点がある。7月上旬～8月中旬。

ミヤマキンバイ
高山帯の砂礫地に生える7～20cmの多年草。葉は小型で倒卵形、鋸葉がある。6月下旬～7月下旬。

ミヤママンネングサ
山地帯から高山帯の岩場や岩礫地に生える3～10cmの多年草。日本固有。茎は細く固い。7月上旬～8月中旬。

ヤツガタケタンポポ
高山帯の草地に特産する20～25cmの多年草。茎先に頭花を1個つける。7月上旬～8月上旬。

ミヤマダイコンソウ
亜高山帯から高山帯の岩の隙間や岩礫地に生える10～30cmの多年草。7月上旬～8月中旬。

ミヤマガラシ
高山帯の湿った礫地に生える15～50cmの多年草。茎の先に十字状花を密に多数つける。6月中旬～7月下旬。

キオン
山地帯から亜高山帯の日当たりのよい草地に生える50cm～1mの多年草。葉は大きく鋸葉。8月上旬～下旬。

イワオウギ
亜高山帯から高山帯の草地や砂礫地に生える多年草。花の形態が珍しい。7月上旬～8月上旬。

タカネコウリンカ
高山帯の乾いた草地や砂礫地を好む。高さ15～40cmで、日本固有の多年草。7月上旬～8月上旬。

クモマニガナ
亜高山帯から高山帯に広く分布する7～35cmの多年草。頭花を集散状につける。7月中旬～8月下旬。

タマガワホトトギス
山地に生える30cm～1mの多年草。葉は大きく楕円形。花に紫の斑点がある。7月中旬～8月下旬。

イワベンケイ
高山帯の風当たりの強い岩礫地に生える。草丈4～35cm、雌雄異種の多年草。7月中旬～8月上旬。

マルバダケブキ
山地～亜高山帯の草地や林縁に生える40cm～1.2mの多年草。大きな丸い葉が特徴。7月中旬～8月中旬。

赤色系の花

ミヤマシオガマ
高山帯や稜線上の草地に生える5～20cmの多年草。葉が細かく裂ける。7月中旬～8月中旬。

オオビランジ
南アルプス特産のタカネビランジの母種。日本固有の多年草。葉が尾状に細長い。7月上旬～8月上旬。

ハクサンチドリ
亜高山帯から高山帯の草地に生える10〜40cmの多年草。和名は千鳥の飛ぶ姿に見立てた。7月上旬〜8月上旬。

イブキジャコウソウ
山地帯から高山帯の草地や砂礫地に生える10〜25cmの小低木。とてもよい芳香がする。7月上旬〜8月上旬。

ツガザクラ
高山帯の礫地や草地に生える日本固有の常緑小低木。花冠は帯紅白色の鐘形。7月上旬〜8月上旬。

クルマユリ
亜高山帯から高山帯の草地に生える30cm〜1mの多年草。特徴的でわかりやすい花。7月下旬〜8月中旬。

コイワカガミ
亜高山帯から高山帯の草地や岩礫地に生える。高さ5〜10cm、常緑の多年草。イワカガミの高山種。6月中旬〜7月中旬。

メイゲツソウ
亜高山帯から高山帯の砂礫地に生える雌雄異株で、30〜60cmの多年草。日本固有。7月中旬〜8月中旬。

ハイマツ
高山の森林限界より上部に生える雌雄同株の常緑低木。枝が地につくと根を出す。6月中旬〜7月中旬。

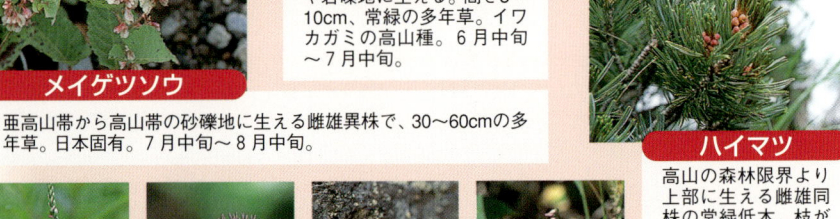

ネジバナ
登山口付近の草地に生える15〜40cmの多年草。可憐な小花を多数つける。5月〜8月。

ノアザミ
山地帯の草地や岩礫地に生える多年草。茎の先端に直立の紅紫色の花をつける。6月中旬〜7月中旬。

コケモモ
高山帯の草地や岩礫地に生える常緑小低木。花冠は約6mmの鐘形。6月中旬〜8月中旬。

ミヤマモジズリ
林床に生える10〜20cmの多年草。茎の先に穂状花序を多数つける。7月下旬〜8月下旬。

クサボケ
美濃戸口付近などの林の中や縁に一般的に生える小低木。実は熟すと美味。5月中旬〜6月中旬。

紫・褐
色系の花

ムシトリスミレ
亜高山から高山の湿地や湿った草地に生える5〜15cmの多年生の食虫植物。7月上旬〜8月中旬。

タカネグンナイフウロ
亜高山帯から高山帯の草地に生える30〜50cmの多年草。5弁の可憐な花をつける。7月下旬〜8月中旬。

コバギボウシ
山地帯から亜高山帯の日当たりのよい湿地に生える30〜60cmの多年草。花は淡紫色。7月中旬〜8月上旬。

タカネマツムシソウ
亜高山帯から高山帯の草地や砂礫地に生える2年草または1年草。日本固有。7月下旬〜8月中旬。

チシマギキョウ
高山帯の砂礫地や岩の割れ目、風の強い草地に生える5〜15cmの多年草。花は青紫色で鐘形。7月下旬〜8月中旬。

ミヤマクロユリ
亜高山帯から高山帯の草地に生える10〜40cmの多年草。高山を代表する花のひとつ。6月中旬〜8月上旬。

クガイソウ
亜高山帯の草地に生える多年草。7月中旬〜9月上旬。

ミソガワソウ
山地帯から亜高山帯の渓流沿いや湿った草地に生える多年草。7月上旬〜8月上旬。

オヤマノエンドウ
高山帯の草地や砂礫地、岩礫地に生える多年草。高山の稜線上に咲く早春花。6月中旬〜7月上旬。

ヤマホタルブクロ
山地帯から亜高山帯の草地に生える30〜60cmの多年草。花は紅紫色で斑点がある。7月中旬〜8月上旬。

クサボタン
山地帯の草原や、林の明るい縁に生える。花は狭い鐘形で多数つく。8月上旬〜9月上旬。

テガタチドリ
亜高山帯から高山帯に生える多年草。手形の根と千鳥の花形が和名。7月中旬〜8月上旬。

ヤナギラン
山地帯から亜高山帯の草地や礫地に生える50〜90cmの多年草。7月下旬〜8月下旬。

37

1

MAP 2 P8-9・5 P14-15

行者小屋▶地蔵尾根▶赤岳▶文三郎道

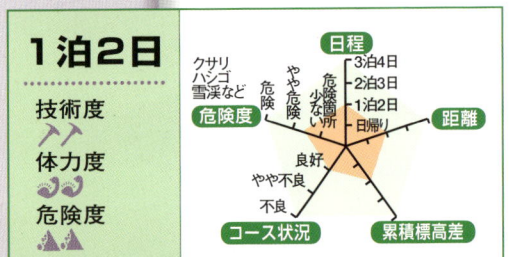

1泊2日

技術度 ⛏⛏
体力度 👣👣
危険度 ⛰⛰

[レーダーチャート：日程／距離／累積標高差／コース状況／危険度
危険度＝クサリ・ハシゴ・雪渓など／やや危険／危険箇所少ない
日程＝日帰り／1泊2日／2泊3日／3泊4日
コース状況＝良好／やや不良／不良]

八ガ岳屈指のお花畑を堪能し、主峰・赤岳に登頂して展望を満喫。

第❶日＝美濃戸口～美濃戸～行者小屋
第❷日＝行者小屋～赤岳天望荘～赤岳～
　　　　行者小屋～美濃戸～美濃戸口

● **歩行距離**
第1日＝7.0km
第2日＝10.5km
総　計＝17.5km

● **標高差**
標高差＝1409m
（美濃戸口～赤岳）
累積標高差
第1日＝＋892m
　　　　－33m
第2日＝＋579m
　　　　－1438m
総　計＝＋1471m
　　　　－1471m

● **2万5000図**
八ヶ岳西部
八ヶ岳東部

参考コースタイム

第1日
JR中央本線茅野駅
🚌 諏訪バス 45分
美濃戸口
🥾 1時間10分
美濃戸
🥾 2時間
白河原
🥾 40分
行者小屋

第1日歩行時間
3時間50分

第2日
行者小屋
🥾 1時間30分
地蔵ノ頭
🥾 40分
赤岳
🥾 25分
文三郎道分岐
🥾 55分
行者小屋
🥾 25分
白河原
🥾 1時間25分
美濃戸
🥾 50分
美濃戸口
🚌 諏訪バス 45分
JR茅野駅

第2日歩行時間
6時間10分

コース・プランニング

本コースは早朝美濃戸口を発てば日帰り登山も可能だが、山小屋に1泊して、高山の花たちを愛でながらのんびり歩こう。
● **季節**　残雪は6月上旬ごろ消える。花期は6月下旬～8月上旬。紅葉は9月下旬～10月下旬。
● **服装**　トレッキングシューズか登山靴、長袖シャツ、軍手、レインウェア、帽子、サングラス、速乾性のTシャツ。
● **必携用具**　高山植物図鑑や地図、それにストックなど。

地蔵ノ頭から望む午後の赤岳。中ほどに見える山小屋は赤岳天望荘。山頂に見えるのは赤岳頂上小屋。主稜の西側は風が強いので、ハイマツでさえ生息できない

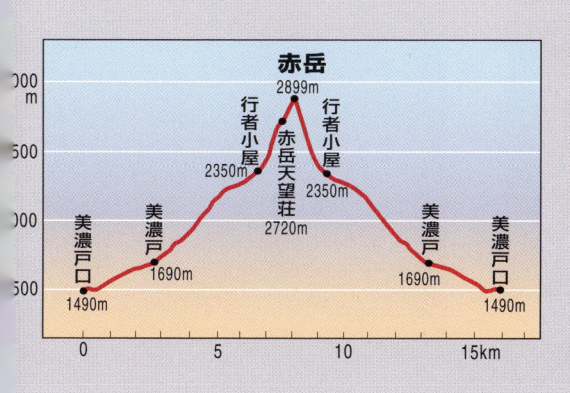

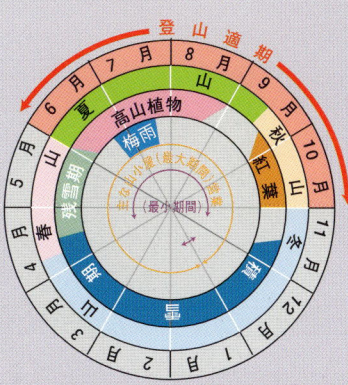

赤岳

- 美濃戸口 1490m
- 美濃戸 1690m
- 行者小屋 2350m
- 赤岳天望荘 2720m
- 赤岳 2899m
- 行者小屋 2350m
- 美濃戸 1690m
- 美濃戸口 1490m

第1日 美濃戸口から行者小屋へ
MAP ❷P8-9・❺P14-15

行者小屋〜地蔵尾根〜赤岳〜文三郎道

八ヶ岳山荘の建つ、美濃戸口でバスを降り、美濃戸方面への林道に入る。整然と植えられたカラマツ林は、涼やかで気持ちがよい。柳川の橋を渡ると登りがはじまる。平坦路になってしばらく行くと美濃戸に着く。やまのこ村、続いて赤岳山荘が建っていて、駐車場もあり、マイカーならここまで上がれる。車道に車止めゲートのある美濃戸山荘の前で、南沢コースと北沢コースに分かれる。山荘の脇に冷水が湧いている。

北沢コースへの林道を左に分け、右手の南沢コースに入る。丸太の木橋で右岸、左岸と渡り返して進む。火山帯特有

白河原付近から望む阿弥陀岳。山頂はわずかしか望めないが、7月上旬はシラカバの新緑が美しい

の岩肌を清流が滑るように流れ、渓流の風情がなんとも形容しがたい。そんな風景を眺めながらの登行だ。登山道わきに咲くマイヅルソウやキバナノヤマオダマキ、ソバナを愛でることもできる。いずれも特に目立つ花ではないが、お花畑が連続する穴場的存在の道である。

林床が苔むす林を抜けると、目の前がぱっと開けた白河原に出る。横岳の荒々

美濃戸山荘前の南沢コース登山口。案内板があるので、ルートを確認しておこう

南沢コースは、途中まで水量豊富な南沢の右岸を行く。渓流の風情にしばし足を止めてしまう

重厚なイメージの行者小屋。背後に横岳の大同心と小同心の岩峰が寄り添っている

しい岩壁が近づいてくると、右手の上方に阿弥陀岳の頂上が望めるようになる。
　ダケカンバの巨木を見送り、赤岳が眼前に迫ると行者小屋は近い。赤、緑、黄など、色とりどりのテントの花が咲くキャンプ地を右に、その左手の広場の奥に、横岳大同心を背にした漆黒の行者小屋が建っている。

第2日　地蔵尾根〜赤岳〜文三郎道
MAP ②P8-9・⑤P14-15

　花を見るには、風が少なく、しかも朝

行者小屋からは赤岳東壁が迫って見える。赤岳の茶褐色の山肌を背景に、高山の花が咲いている

交通機関・山小屋問合せ

🚌 諏訪バス☎0266-57-3000、アルピコタクシー☎0266-71-1181、第一交通タクシー☎0266-72-4161、中山タクシー☎0266-72-7181

🏠 行者小屋☎0266-74-2285、赤岳天望荘☎0266-58-7220、赤岳頂上小屋☎090-2214-7255、太陽館☎0266-74-2285、美濃戸高原ロッジ☎0266-74-2102、八ヶ岳山荘☎0266-74-2728、美濃戸高原やまのこ村☎0266-74-2274、赤岳山荘☎0266-74-2272、美濃戸山荘☎0266-74-2270

美濃戸山荘

赤岳天望荘

赤岳頂上小屋

アドバイス／Q&A

＊1　美濃戸口までは、JR中央本線茅野駅から美濃戸口行きの諏訪バスに乗り、終点で下車（所要時間45分）。

＊2　美濃戸口から美濃戸までは、足慣らしのつもりでのんびり歩こう。

＊3　美濃戸には3軒の山荘が建ち、美濃戸高原やまのこ村と赤岳山荘にはそれぞれ駐車場があり、合計70台の駐車スペースがある。ここを利用するには夏の最盛期は混雑するので、早めの到着が有利。また、金・土曜と祝前日は特に混雑するので、美濃戸口の駐車場を利用してほしい。
　3軒の山荘では、八ヶ岳農場で製造した味の濃いビン詰牛乳が常時冷やしてあって、登山者に好評。
　最奥の美濃戸山荘の前が分岐となっている。車道をそのまま行く北沢コースと、車道と別れて、右手の登山道に入る南沢コースにそれぞれ分かれる。

41

1 行者小屋〜地蔵尾根〜赤岳〜文三郎道

地蔵尾根上部にかかる20mほどのクサリ場。あわてず一歩、一歩、確実に登ろう

地蔵尾根の上部にはお地蔵さんが建っている。赤い着衣と頭巾をかぶって登山者を迎えてくれる

　露に濡れそぼる姿が愛らしいので、できるだけ早めに小屋を出たい。行者小屋から先は水の補給ができないので、水場で水筒を満たしてから出発しよう。広場の南東側に、手が切れそうなほど冷たい水が豊富に湧く水場がある。

　行者小屋を出たら、いったん赤岳鉱泉方面に少し進み、標識に導かれて右に、地蔵尾根方面に折れる。針葉樹林の中を緩やかに登り、左手に大同心を望むようになると、斜度が増してくる。振り返ると阿弥陀岳の容貌が見えはじめる。登るほどにその姿は秀麗さを増す。

　個性的なダケカンバの林に入り、ゴゼンタチバナやコイワカガミなどの小さな花が咲くようになると、最初のクサリ場に出て、その上で長い急なハシゴを越える。岩道や砂礫地がはじまり、クサリのかかる岩尾根が何箇所も出てくる。

　かなり高度を稼いだと思うころ、最初の地蔵の前に出る。そこまで登れば、もうひとがん張りだ。風が強く吹くようになると稜線は近く、やがて主稜線に飛び出る。登り終えた溶岩の平坦地は地蔵ノ頭で、地蔵と指導標が立っている。

　横岳への主稜を背に、来し方の行者小屋を眼下に小さく望んで赤岳を目指す。主稜を行ってもよいが、風が強い時は、東側を巻くルートを行こう。5分ほどで

赤岳天望荘から赤岳北稜を登る登山者は、高低差179mをいっきに登ることになる。下部のザレた急斜面と、滑りやすい岩尾根は急がないこと。呼吸を整えてのんびり登ろう

地蔵ノ頭から振り返り見る。阿弥陀岳が青空に映え、行者小屋がマッチ箱のように見える

赤岳天望荘からわずかに赤岳北稜を登った右手斜面のお花畑。まるでジュータンを敷き詰めたように高山のお花畑が広がっている

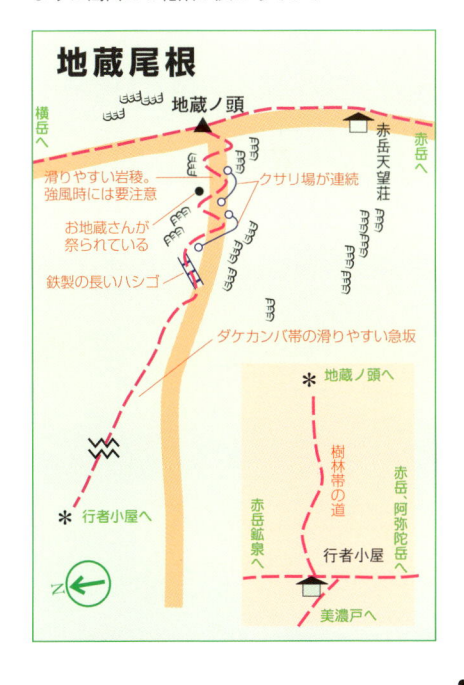

赤岳天望荘の前に着く。圧倒されるようなすばらしい展望が広がり、「天望荘」の小屋名が納得できる。

　山荘の周辺は、みごとなお花畑となっていて、とりわけコマクサの大群落がすばらしい。ウルップソウや、八ガ岳の特産種であるヤツガタケキスミレも見られる。図鑑をザックから出して花名を確認しながら観察しよう。花のアップ写真と、花と山を組み合わせた山岳風景写真を撮る格好のポイントなので、時間の許す限り撮影を楽しんでもよいだろう。

　赤岳天望荘の北側玄関前を左に折れ、南側の出入口から赤岳への尾根を行く。登山道の右手は、びっしり花で埋めつくされたお花畑が広がり、ここも八ガ岳を代表するお花畑のひとつである。チョウノスケソウ、イワウメ、オヤマノエンドウ、ハクサンイチゲ、ミヤマダイコンソ

地蔵尾根

- 滑りやすい岩稜。強風時には要注意
- クサリ場が連続
- お地蔵さんが祭られている
- 鉄製の長いハシゴ
- ダケカンバ帯の滑りやすい急坂

＊地蔵ノ頭へ
＊行者小屋へ

横岳へ / 地蔵ノ頭 / 赤岳天望荘 / 赤岳へ
樹林帯の道 / 赤岳鉱泉へ / 行者小屋 / 赤岳・阿弥陀岳へ / 美濃戸へ

43

行者小屋〜地蔵尾根〜赤岳〜文三郎道

ウ、ミヤマシオガマなど、数えきれないほどの花たちが誇らしげに咲いている。

赤岳へは、ザレた砂礫地を蛇行して登り、滑りやすい岩の急斜面を経て、やせた岩尾根を行く。登り終えた山頂は北峰で、赤岳頂上小屋が建ち、大きなベンチが置かれ、休憩には最適だ。横岳、硫黄岳、さらに天狗岳や蓼科山などの峰々が美しく望める。

赤岳山頂は2峰からなり、北峰の南側にある南峰の方が標高は高く、一等三角点がある。西に阿弥陀岳、南に権現岳から編笠山といった南八ガ岳最南部の山々と南アルプス連山が、南東には富士山が優美な裾野を広げている。まさに展望の景勝地である。南峰には赤岳山神社も建ち、累積する岩々の縁には、イワベンケイ、イワオウギ、シコタンソウ、ミヤマタネツケバナ、クモマナズナ、タカネツメクサ、ミヤマウイキョウ、イワヒゲなど、高嶺の花たちが息をひそめるようにひっそり生息している。

展望と花を楽しんだら下山だが、まず南峰から南へ、主稜を5分ほど下ると分

赤岳山頂 ◆ パノラマ展望

南東〜南南東

御正体山／三ツ峠山／茅ガ岳／富士山

南〜南西

前三ツ頭／観音岳／三ツ頭／北岳／権現岳／甲斐駒ガ岳／ギボシ／仙丈ガ岳／編笠山／鋸岳

赤岳山神社が祭られる赤岳南峰山頂。近年、石造りの社が建立され、りっぱになった

アドバイス／Q&A

*4 地蔵尾根は、その名の通り、登山者の安全を願ってお地蔵さんを建立したことに由来する。今でも、天望荘支配人・北原一三さんらによって、クサリ場や、金属製の階段、土砂流出止めのクサビを打ち込んだ階段を作るなど、安全面に配慮した道となっている。しかし、悪天候の場合は無理をせず、冷静な判断で行動しよう。

赤岳天望荘の北原一三さんらが新しくかけ替えた地蔵尾根の階段

北

西天狗 根石岳 東天狗 硫黄岳 大同心 横岳奥ノ院 三叉峰 赤岳天望荘

西北西

立場山 阿弥陀岳

1 行者小屋～地蔵尾根～赤岳～文三郎道

岐に出る。キレット方面へ向かう主稜の道を分け、右にいっきに下る。クサリのかかるルンゼ状の岩場を慎重に下り、竜頭峰（りゅうとうほう）方面からのトラバース道に合流して、砂礫の道を中岳（なかだけ）へと下る。目を凝らすと、わずかばかりだがコマクサの群落が見られる。

中岳の少し手前で、指導標に導かれ、右にルートをとると、行者小屋までは一本道だ。直線的に下ったあと、滑りやすい急斜面をクサリを頼りに下り、鉄製のハシゴをすぎると、さらにクサリ場や階段やハシゴの急下降が続く。下りきると阿弥陀岳からの道と合流し、中岳沢の右岸を行くようになる。キャンプサイトに出て、行者小屋に戻り着く。小屋の前では、豊富な清水で冷やしたビールやジュース類が販売されている。赤岳西壁を眺めてのビールブレイクが至福の刻となるだろう。

行者小屋で最終的な時間調整をして、往路を忠実にたどる。

赤岳南峰からは文三郎道を目指して赤岳南側の岩場を下る。ルンゼ状の急斜面なので要注意

文三郎道を下っていくと中岳沢右岸を経て広いキャンプサイトに出る。行者小屋は目の前

アドバイス／Q&A

Q 新緑の時期と場所は？
A 本コース上に見られる落葉広葉樹はシラカバ、ダケカンバ、ナナカマドなどで、新緑前線は例年5月中旬、登山口付近から徐々に高度を上げ、森林限界に達するのは6月中旬。ちなみに、萌えたつ新緑を見るには、地蔵尾根の途中にあるダケカンバ林と、天望荘付近から望む横岳南東面の山肌がよい。

Q 行者小屋付近に展望台は？
A 行者小屋から赤岳鉱泉に抜ける途中に中山乗越という展望地があり、横岳の荒々しい岩峰群と小同心や大同心、それに阿弥陀岳の端整な山姿が眺望でき、赤岳西壁が間近に迫って実にすばらしい。特に夕陽に映える赤岳の光景は山岳美の絶景といえよう。行者小屋から15分ほどの距離。写真を撮る人には必見の場所。

Q 文三郎道の名の由来は？
A かつての行者小屋の経営者・茅野文三郎さんが開削したことからこの名がつけられた。

Q 地蔵尾根を登路に、文三郎道を下降路にした理由は？
A 文三郎道は、行者小屋から最短で赤岳に登頂できるが、ここでは、高山の花を堪能してほしいので、本コース最大のお花畑、天望荘付近に、風が比較的弱い朝のわずかな時間をねらって、稜線まで最短で登れる地蔵尾根を登路にした。ちなみに文三郎道は、浮石が比較的多く、そのうえ急峻な登りが続く。そこで、足への負担を考慮し、文三郎道を下山に利用している。

Q 美濃戸口に周回できるほかの下山ルートは？
A 安全性の面では本コースがベストだが、体力や技術があり、静かな山旅を望む人には、御小屋尾根を下山に使う手がある。赤岳から②コースを参考に阿弥陀岳に登り、山頂から御小屋尾根方面に入ってそのまま下る。犬帰りノ岩とよばれる峻険な岩場を、クサリを頼りに越えると、急な下降が続き、御小屋山からはほぼ直線的に美濃戸口までルートがついている。赤岳～阿弥陀岳まで1時間20分。さらに阿弥陀岳～美濃戸口までは4時間。

赤岳天望荘と八ガ岳の花博士・北原一三さん

　赤岳天望荘は、八ガ岳登山における開拓者のひとり、松澤純男氏が戦前に開いた山小屋。開設当時は赤岳石室とよばれ、南八ガ岳の中では歴史ある山小屋で、多くの登山者に愛されてきた。近年、オーナーは藤森周二氏に受け継がれたが、山小屋としての機能は、ますます充実したといえる。

　その赤岳天望荘を切り盛りするのは、八ガ岳山麓で生まれ育った北原一三氏である。阿弥陀岳山頂で、行者だった氏の祖父が奉納した石碑を見たのが縁となり、本格的な登山をはじめたという。八ガ岳ガイド協会公認ガイド、日本体育協会公認Ａ級指導員（山岳部門）、長野県自然インストラクターなどの肩書を持つ北原一三氏だが、真面目にコツコツと山に取り組んできたことがうかがえる。赤岳天望荘の支配人を勤めるようになったのは、天与の定めだったのではないか、と思えてしまうほどの岳人だ。

　北原氏は、横岳西壁を登攀した際、岩壁を抜け出たところに咲き誇っていたウルップソウに感動を覚え、以来、つかれたように高山植物の研究・調査などを続けてきたという。そして、『山の花旅』（信濃毎日新聞社）、花の山旅『八ガ岳』（山と渓谷社）などの著書を発刊するにいたった。人あたりのよい北原氏は、特に登山者には優しいので、花情報はもちろん、花名や登山コースや、気象などについても、適格なアドバイスが得られることとうけあい。

　赤岳天望荘は、バイキング方式の食事が好評で、食堂の窓から眺める阿弥陀岳や、北アルプスをシルエットにした落日は、諏訪盆地の黄昏とあいまって、泊まった登山者はみな口々に感動の声を発する。また個室からは、居ながらにしてご来光が望めるという好立地とあって、花の愛好者はもちろん、写真を撮る人にもおすすめの山小屋である。

赤岳天望荘の支配人を勤める北原一三氏

北原一三氏の片腕として活躍する若者たち

花の宿として人気が出てきた赤岳天望荘

2

MAP ❷ P8-9・❺ P14-15

行者小屋 ▶ 阿弥陀岳 ▶ 赤岳 ▶ 横岳 ▶ 硫黄岳 ▶ 赤岳鉱泉

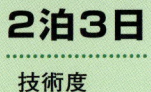

2泊3日

技術度 ⛏⛏
体力度 👣👣
危険度 ⛰⛰

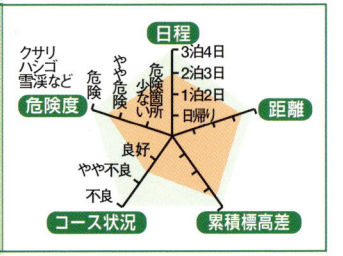

(レーダーチャート: 日程／距離／累積標高差／コース状況／危険度)

荒々しい岩稜を走破し、高山植物の女王・コマクサを鑑賞する

- 第❶日 ＝ 美濃戸口～美濃戸～行者小屋
- 第❷日 ＝ 行者小屋～阿弥陀岳～赤岳
- 第❸日 ＝ 赤岳～横岳～硫黄岳～赤岳鉱泉～美濃戸～美濃戸口

● 歩行距離

- 第1日 ＝ 7.0km
- 第2日 ＝ 3.5km
- 第3日 ＝ 12.5km
- 総 計 ＝ 23.0km

● 標高差

標高差＝1409m
（美濃戸口～赤岳）
累積標高差
- 第1日 ＝ ＋892m／－33m
- 第2日 ＝ ＋728m／－362m
- 第3日 ＝ ＋349m／－1574m
- 総 計 ＝ ＋1969m／－1969m

● 2万5000図

八ヶ岳西部
八ヶ岳東部

参考コースタイム

第1日
JR中央本線茅野駅
　諏訪バス 45分
美濃戸口
　1時間10分
美濃戸
　2時間
白河原
　40分
行者小屋

第1日歩行時間 3時間50分

第2日
行者小屋
　1時間40分
阿弥陀岳
　1時間45分
赤岳
　30分
赤岳天望荘

第2日歩行時間 3時間55分

第3日
赤岳天望荘
　1時間20分
横岳奥ノ院
　50分
大ダルミ
　30分
硫黄岳
　1時間20分
赤岳鉱泉
　1時間40分
美濃戸
　50分
美濃戸口
　諏訪バス 45分
JR茅野駅

第3日歩行時間 6時間30分

コース・プランニング

阿弥陀岳へは、最短で登れる中岳道を利用する。この道は安全なコースだが、中岳分岐から阿弥陀岳の間は、急峻で浮石が多い。横岳南稜と北稜の岩稜も危険箇所が続く。強風時などは時間を多めにとろう。また、花を見る時間を考慮し、コースタイムを多めにとることがポイントだ。本コースは、南ハガ岳のお花畑を縦走するだけに、花の最盛期に訪れてほしい。

● 季節　南ハガ岳の主稜上は雪解けが早く、花の開花も早い。ウルップソウやコマクサなど、この山域を代表する花は、7月中旬～8月上旬が最盛期。

● 服装　登山靴かトレッキングシューズ、上下タイプの雨具、長ズボン、速乾性のTシャツ、長袖シャツ、軍手、帽子、サングラス、バンダナなど。

● 必携用具　ヘッドランプ、カメラ、地図、小型の高山植物図鑑、ストック、地図とコンパス、ザックカバーなどのほか、ビニール袋などがあると重宝する。

赤岳天望荘付近から望む横岳。左奥には硫黄岳が見える。横岳南稜の険しい尾根路を境に、東側は豊かな森林帯、西側は高山植物のお花畑が続く。

行者小屋とそのスタッフ。赤岳、阿弥陀岳、横岳などへの登山基地の山小屋として人気が高い。八ガ岳の奥地としては最良の飲料水が湧くことでも有名。りっぱなトイレも整備されている。

49

行者小屋〜阿弥陀岳〜赤岳〜横岳〜硫黄岳〜赤岳鉱泉

第1日 美濃戸口から行者小屋へ
MAP ❷P8-9・❺P14-15

　美濃戸口*1バス停で降車し、八ヶ岳山荘の北側から美濃戸方面への車道に入る。未舗装の路面は足にやさしく心地よい。下りきって柳川を渡るとジグザグの登りがはじまり、道は平らになって2つに分かれる。これは車の上り下り一方通行の出入口なので、どちらを行ってもよい。すぐ先で合流し、やがて美濃戸へ。やまのこ村、赤岳山荘を見送り、車止めゲートをくぐると美濃戸山荘の前に出る。

　美濃戸口からここまでは、アイドリングのつもりで、ゆっくり歩いてほしい。車道は歩きやすいので、ついつい急いでしまうものだが、疲れを蓄積させない歩行も、山歩きには大切なポイントである。

　美濃戸からは、南沢コースに入る。砂防堰堤を越え、橋を数回渡り返して、右岸を行く。南沢の渓流の瀬音を絶えず聴きながら、あるいは小鳥のさえずりに耳を傾け、頭を空っぽにして歩こう。

　山の中では、時として自然に身を委ねることも大切ではないだろうか。初夏なら、ウグイスが美しい声で鳴き、太陽が容赦なく照りつける盛夏なら、セミの大合唱の洗礼を受ける。ウサギやリスに会うことだってあるし、日常とはまったく異なる予期せぬ出会いがたくさんあるので、山旅は実に楽しいものだ。

　森を抜けると白河原に出る。横岳の岩峰群が視界に飛びこむ場所だ。さらに進むと赤岳西壁が迫る。行者小屋の前まで登ると、右手にこんもりした阿弥陀岳が、ひょっこりと頭を出している。

第2日 行者小屋から阿弥陀岳、赤岳へ
MAP ❷P8-9・❺P14-15

　行者小屋の脇に湧く鮮烈な水を水筒に満たし、まずは阿弥陀岳を目指して出発しよう。行者小屋を背に、幕営地に張られたさまざまなテントを左右に見送り、中岳沢*2の右岸を進む。背丈の低い針葉樹の中を縫うように登ると、草原状の開けた場所に出て、道は二股に分かれる。左に文三郎道コースを分け、右の中岳道にコースをとると、阿弥陀岳が間近に見え、登行意欲をかきたててくれる。それもつかの間、すぐシラビソの森に入り、林床のオサバグサ、カラマツソウ、ゴゼンタチバナ、マイヅルソウなどを見ながら高度をかせぐ。造形的なダケカンバの大きな木々が目立つようになると、植生が変わり、タカネグンナイフウロ、ハクサンフウロ、モミジカラマツ、ミヤマクロユリ、クルマユリ、ヨツバシオガマなどの高茎植物が可憐な花を咲かせ、迎えてくれる。

中岳分岐と阿弥陀岳。峻険な登山道が確認できる

阿弥陀岳山頂には石碑、石神、石仏などが数多く残され、山岳信仰の歴史を物語っている

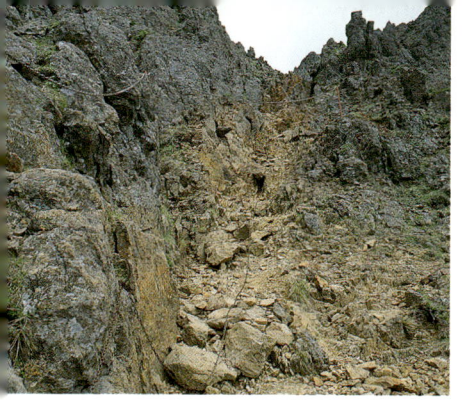

赤岳山頂南側の岩場。竜頭峰方面への道を右に分けると、クサリのかかる岩場がはじまる

道は大きく蛇行し、右、左と曲がって、阿弥陀岳の東側山腹を直線的に横切るようにトラバースする。このトラバース道周辺は、ダケカンバやナナカマドがまばらに立つので、高山植物の草原が開けている。左手には、赤岳と横岳の岩壁が屏風を広げたように連なり、登るほどに迫力が増してくる。

この大岩壁は、冬期間、クライマーの格好のゲレンデとなり、ハンマーの金属音が絶えず谷間にこだまする……そんな岳人憧れの岩壁を樹間ごしに見て、崩壊地を桟橋で越え、右側にミヤマクロユリ、コイワカガミ、ミヤマダイコンソ

交通機関・山小屋問合せ

🚌 諏訪バス☎0266-57-3000、アルピコタクシー☎0266-71-1181、第一交通タクシー☎0266-72-4161、中山タクシー☎0266-72-7181

🏠 赤岳天望荘☎0266-58-7220、赤岳鉱泉☎0266-72-3939、行者小屋☎0266-74-2285、赤岳頂上小屋☎090-2214-7255、八ガ岳山荘☎0266-74-2728、美濃戸高原やまのこ村☎0266-74-2274、赤岳山荘☎0266-74-2272、美濃戸山荘☎0266-74-2270

アドバイス／Q&A

＊1 美濃戸口までは、JR中央本線茅野駅前から、諏訪バスの美濃戸口行きに乗り、終点で下車する。所要時間は約45分。

＊2 本コースは急斜面の岩場が多い。岩場では、靴のつま先部分だけで体重を支えなければならない場所もある。スニーカーやトレッキングシューズでは、靴底の構造から、つま先部分で体重を支えきれないので、横岳を縦走するにはしっかりした登山靴を履きたい。

ウ、ハクサンイチゲなどの群落を見つめながら、阿弥陀岳と中岳の鞍部に出る。ここで風景は一変し、三ツ頭、旭岳、ギボシを左右にしたがえた

中岳分岐から望む権現岳。キレットから権現岳へと続く主稜線ものびやかに見える

2 行者小屋〜阿弥陀岳〜赤岳〜横岳〜硫黄岳〜赤岳鉱泉

赤岳南峰から北峰を見る。山小屋は赤岳頂上小屋。小屋の前には大きなベンチが置かれている

権現岳（ごんげんだけ）の特徴ある山容が正面に望める。

登り終えた喜びもつかの間、分岐を右に阿弥陀岳をピストンする*3。ザックを置いて身軽になって往復するとよい*4。阿弥陀岳山頂はけっこう広く、展望は申し分ない。これから向かう赤岳が孤高の山姿で立ちはだかり、権現岳方面もなかなかの景観を見せている。

分岐までの下りは登りよりも慎重に下りよう。中岳の小ピークを越え、赤岳山頂へと登る。右側の砂礫地に散在するコマクサの花に励まされながら、文三郎道を左から合わせると、その先で岩場に出る。三点支持を守ってクサリ場を登り、キレット方面からの主稜線に合流すると赤岳山頂はすぐ上だ。

赤岳山頂は、一等三角点と赤岳山神社の建つ南峰と、赤岳頂上小屋の建つ北峰の2つの峰からなる。展望に恵まれた八ガ岳の主峰で、心地よい至福の刻をすごしたら、横岳を正面に望みながら、本日の宿泊地、赤岳天望荘（てんぼうそう）へと下山する。

赤岳天望荘の食堂からは、阿弥陀岳をシルエットにした沈みゆく夕陽が美しい。多くの登山者が、暮れなずむ黄昏に深い感銘を抱くという。愛しい人や、家族を回想し、感傷に浸るのもたまにはいいだろう。夜半、屋外に出て、温かいお茶を飲みながら、星空をぼんやり眺めるのも一興である。

第3日　横岳〜硫黄岳を縦走し、美濃戸口へ
MAP ❷P8-9・❺P14-15

ご来光を拝し、朝食を終えたら早めに出発しよう。山荘を出て地蔵ノ頭（じぞうのあたま）まで下る。八ガ岳特産種のヤツガタケキスミレの大群落が見られる茶褐色の砂礫地の中を、緩やかに下り、二十三夜峰（にじゅうさんやほう）の岩塔を

赤岳北峰から横岳を見る。中ほどには赤岳天望荘が確認できる。滑りやすい道が続き、要注意

横岳南稜の岩場。急峻で滑りやすい。クサリは一度にいく人もつかまると危険だ

横岳山頂奥ノ院。平凡な山頂だが、大権現が祀られている

横岳奥ノ院から望む大同心の岩峰。クライマー憧れの岩壁で、夏は緑色に覆われて優美

アドバイス／Q&A

＊3 阿弥陀岳への登山道は、ザレ地の急斜面、岩場、ガレ場が連続し、いっきに高度を上げる。急峻な地形のため、休むところがなく、登りは呼吸が荒々しくなる区間。一歩、一歩足場をを確実にとり、呼吸を整えながら登ることがコツ。前の人に続く場合は、落石を避けるために、すぐ後につかず、適宜間隔をとって、落石にも気を配りながら登ろう。

＊4 阿弥陀岳山頂に建つ阿弥陀さまは、山岳宗教と深くかかわり、西方にある極楽世界をつかさどる仏陀の称号。浄土宗などの本尊として敬われている。

阿弥陀岳山頂に建つ、ひときわ大きな守護神的な石仏

赤岳南峰に掲げられている赤岳山神社の縁起を記した標示板

右に回りこむ地点にさしかかる。この右側はコマクサの大きな株が数多く見られるお花畑。しばし、その可憐な姿を鑑賞しよう。

　鉄製のハシゴを登り、やせ尾根を経て右にルートが曲がると、クサリのかかるルンゼ状の岩場の基部に着く。登るほどに急峻さが増し、やがて日ノ岳に出る。鉾岳の左側を巻き、石尊峰を越え、三叉峰で杣添尾根を右に分ける。しばらくは緊張感から解放される稜線漫歩が続く。主稜のハシゴを越えると横岳山頂奥ノ院だ。西と北と東が切れ落ち、山岳展望は抜群である。

　このピークから横岳北稜の核心部がはじまる。54・55㌻の「横岳周辺詳細図」を参考に、充分注意して下ろう。その先は、八ガ岳最大規模のコマクサの花園を行く。砂礫の直線路から岩礫地を蛇行して、大ダルミに出る。右手に駒草神社と硫黄岳山荘が建ち、八ガ岳最大のコマクサのお花畑が広がっている。

　ここまで来れば硫黄岳は目と鼻の先。平らな岩が重なる路面を緩やかな斜度で登ると硫黄岳だ。岩を積み上げた大きなケルンが山頂まで導いてくれる。山頂は広大で、北側の爆裂火口が火山の歴史を生々しく物語っている。

　西にコースをとり、赤岩ノ頭を経て、赤岳鉱泉に下る。ダケカンバの気持ちのよい林から、針葉樹の森をいっきに下る。森林帯に入ると展望はない。ジョウゴ沢を渡ると赤岳鉱泉は近い。

　赤岳鉱泉でひと休みしたら美濃戸へ下山する。キャンプ指定地を右に見て、背の高い花の草原を下り、橋を何回も渡り

行者小屋〜阿弥陀岳〜赤岳〜横岳〜硫黄岳〜赤岳鉱泉

大ダルミ手前の砂礫帯を行く。登山道の左右は見わたす限りコマクサの大群落が続く。花の当たり年は斜面がピンク色に染まる

▲ 横岳を南北に縦走する ▲

　八ガ岳主稜の中では最大の岩場が連続する横岳を南稜から北稜へ案内しよう。二十三夜峰をハシゴで越え、やせた岩稜を登って右へトラバースすると岩場に出る。太いクサリがかかる急斜面を攀じる。上部は草や砂が表面を覆うところもあって、さらに急斜面が続く。
　登り終えると日ノ岳で、高山植物の草

横岳山頂からは、まずクサリのかかるやせた岩尾根を下る。それほど斜度はないが、怖かったら後ろ向きで下るとよい。

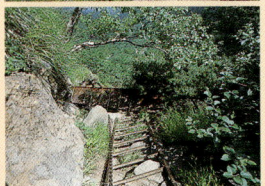

いったん平地に下り、岩場を直接下降する急なハシゴを下りるルートを分け、右に鉄製のハシゴを下り、左へ鉄製の桟橋を渡る。

ここは足元がすぱっと切れ落ち、横岳北稜の中では最も恐怖感を感じる場所。前向きで怖い人は、後ろ向きで下りよう。

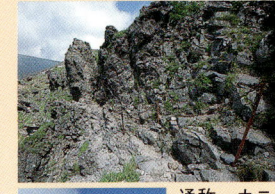

西側岩場の岩棚を北へと移動する場所。直立姿勢のバランスを取りながら歩く。クサリは補助とし、体重を預けないこと。

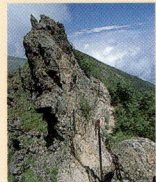

通称、カニの横ばいとよばれる岩場を巻くクサリ場。岩峰の手前で東側に渡るが、ナイフリッジ状で滑落には要注意。渡ったらクサリの助けを借りて、足場を確実に確保し、バランスよく越えることがコツ。

岩峰を越えると岩がゴツゴツした一枚岩に出て、道幅は徐々に広がり、路面が安定する。振り返ると横岳が孤高の山姿で座っている。

コマクサのお花畑をすぎると、溶岩が散在する道に出て、硫黄岳を正面に大ダルミに向かう

アドバイス／Q&A

Q 赤岳山頂は？
A 好天なら、ぐるっと360度の大展望が得られる展望の台地。岩の縁には、高山の花がひっそりと咲き競っている。休憩地としては最適な山頂。山岳展望や花たちを眺めていると、時の経つのを忘れてしまう。

Q 赤岳山神社とは？
A 太成宮の御祭神・六神三十柱が祭られ、その六神は、実国固の産霊の大神、実国固の遠都御祖の大神、天地産霊固の生国魂の大神、大山祇の大神、国の十方固の大神、十鈴の宮の分霊の大神である。まさに神々の殿堂といえよう。

Q 横岳奥ノ院は？
A 西側は断崖絶壁、眼下に赤岳鉱泉を望み、振り返ると赤岳、阿弥陀岳が天を突く峻険さで立ち並んで見える。

Q 硫黄岳山頂は？
A 平らな石が累積する、かなり広い平坦な山頂。花はあまり多くない。

返しながら、斜度の緩い道を進む。登山道が広くなると、その先で橋を渡り、林道に出る。美濃戸山荘までは林道を一本道。美濃戸からは往路を美濃戸口までたどる。

地が広がっている。先で鉾岳岩稜の左側をクサリに頼って下り、登り返す。ここはスリリングな岩棚の通過なので、特に風が出ているときは要注意だ。

石尊峰まで来るとひと安心。石がゴロゴロした三叉峰を進むと、ところどころに草地が現れ、花を見ながら砂礫地を蛇行して登る。

ハシゴを越えると横岳奥ノ院で、そこからは横岳北稜の難所がはじまる。左ページの6枚の写真と解説を参考に下りきると、大同心への分岐に着く。強風時や、降雨で岩場が濡れている時は、体が前かがみになってバランスを崩しやすい。直立姿勢を守り、足の屈伸によって下れば滑落防止になる。

横岳周辺詳細図

3

MAP **2** P8-9 **3** P10-11 **4** P12-13 **5** P14-15

赤岳鉱泉 ▶ 硫黄岳 ▶ 横岳 ▶ 赤岳 ▶ 県界尾根 ▶ 美ノ森

2泊3日
- 技術度 ▲▲▲
- 体力度 ♨♨
- 危険度 ▲▲▲

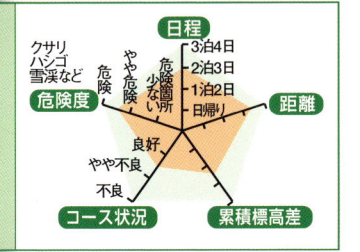

八ガ岳の主峰を、諏訪側から清里側に横断するスリリングなコース

第❶日＝美濃戸口〜美濃戸〜赤岳鉱泉
第❷日＝赤岳鉱泉〜硫黄岳〜横岳〜赤岳天望荘
第❸日＝赤岳天望荘〜赤岳〜県界尾根〜美ノ森

● 歩行距離
第1日＝ 7.0km
第2日＝ 5.5km
第3日＝ 11.0km
総　計＝ 23.5km

● 標高差
標高差＝ 1409m
（美濃戸口〜赤岳）
累積標高差
第1日＝＋767m
　　　　－36m
第2日＝＋808m
　　　　－304m
第3日＝＋172m
　　　　－1618m
総　計＝＋1747m
　　　　－1958m

● 2万5000図
八ヶ岳西部・
八ヶ岳東部・谷戸

参考コースタイム

第1日
JR中央本線茅野駅
　🚌 諏訪バス 45分
美濃戸口
　🥾 1時間10分
美濃戸
　🥾 2時間30分
赤岳鉱泉
第1日歩行時間 3時間40分

第2日
赤岳鉱泉
　🥾 1時間40分
赤岩ノ頭下
　🥾 30分
硫黄岳
　🥾 20分
硫黄岳山荘
　🥾 1時間15分
横岳奥ノ院
　🥾 55分
赤岳天望荘
第2日歩行時間 4時間40分

第3日
赤岳天望荘
　🥾 40分
赤岳
　🥾 1時間40分
大天狗
　🥾 1時間
小天狗
　🥾 1時間
登山道入口
　🥾 40分
美ノ森
　🥾 55分
JR小海線清里駅
第3日歩行時間 5時間55分

コース・プランニング

本稿は、八ガ岳の核心部を横断する変化に富んだおすすめコース。時間を充分にとろう。下山後、清里高原に近年開湯した天女の湯で汗を流す、プラスワンの至福を加えてみよう。
●**季節**　本コースは、とっておきのお花畑をめぐる山旅なので、花の最盛期に訪れたい。
●**服装**　しっかりした登山靴、フリースなどの防寒着、雨具、帽子、手袋など。
●**必携用具**　水筒、携帯に便利な高山植物図鑑、地図、ヘッドライト、ストック、バンダナ、カメラ、ザックカバーなど。

県界尾根の大天狗と小天狗の中間あたりから振り返り見た赤岳。
赤岳頂上小屋から急峻豪快に岩壁が下へと続くのが確認できる

北沢コースの林道を歩き終えると、北沢を渡り、左岸から登山道がはじまる

57

赤岳鉱泉〜硫黄岳〜横岳〜赤岳〜県界尾根〜美ノ森

第1日 美濃戸口から赤岳鉱泉へ
MAP ②P8-9・⑤P14-15

美濃戸口でバスを降り、まずは美濃戸を目指す。美濃戸口から美濃戸までは、①②のコース（38・48㌻）に詳しく解説しているので、そちらを参考に。

美濃戸の車止めゲートをくぐりぬけると、美濃戸山荘の前で、赤岳鉱泉へ向かう北沢コースと、行者小屋へ向かう南沢コースに分かれる。ここは林道をそのまま北沢コースに入る。林道は先が長いので、急がずマイペースで歩こう。

しばらく行くと右に大きく林道が曲がるところがあり、その左手に赤布の目印がある。岩がちの道だが、林道を短縮できるので利用しよう。先で再び林道に出る。ほぼ直線的に進み、山小屋関係者用の駐車場を見送ると林道は終わる。休憩するのによい小広いスペースがある。

丸木の橋で北沢を渡ると登山道がはじまる。登山道といっても、きつい登りが待っているわけではなく、のんびり行けばこれほど楽なコースも珍しい。私はいっきに高度を上げるきつい登りが好きで、緩く登るコースは苦手だが、このコースは別格で、歩くほどに目を細めてしまう。さまざまな花が咲く道であり、水流が北沢独特の褐色で滑らかな岩上を流れる風情は、他では見られない。

横岳西壁の大同心、小同心といった異彩を放つ岩峰が見え出すと、キャンプ指定地を左に見て赤岳鉱泉に着く。

赤岳鉱泉。硫黄岳へは玄関を出てそのまま東方に進む。登山口付近に豊富な水が湧いている

北沢の渓流。清流が褐色の北沢特有の岩肌を滑るように流れる風情は、ほかでは味わえない

第2日 硫黄岳、横岳を経て赤岳へ
MAP ②P8-9・⑤P14-15

赤岳鉱泉を背に、硫黄岳方面への登山路に入った最初の金属製ハシゴ。この上はクサリで、急峻な道がはじまる

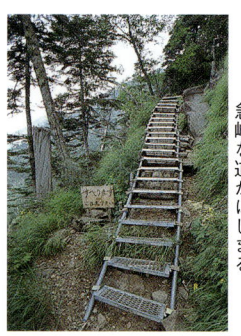

左：ジョーゴ沢を渡って登山者も多い。赤岳方面の展望もいい
下：赤岩ノ頭手前の広場。硫黄岳が見え、ここでひと休みする登山者も多い

飛び出た硫黄岳山頂の西端から山頂の中心部を見る。霧が出ていてもケルンが導いてくれる

道に入り、一段上がって樹林の中を北に向かって進む。ジョーゴ沢の周辺はミソガワソウがひときわ目を引く。橋を渡ると展望のない森林帯の辛い登りがはじまる。金属製のハシゴを越えるとさらに斜度を増し、細かく蛇行をきって登る。やがて樹林はダケカンバ林に変わり、赤岳方面の展望が得られ、精神的にも楽になってくる。赤岩ノ頭は近い。

赤岩ノ頭からは、白ザレの砂礫地を進み、ハイマツ帯に入る。続いて岩のゴロゴロした道を登ると硫黄岳の西端に出る。山頂は石室の先にある。中央が分岐

交通機関・山小屋問合せ

諏訪バス☎0266-57-3000、清里高原総合観光案内所（清里ピクニックバス）☎0551-48-2179
赤岳天望荘☎0266-58-7220、赤岳鉱泉☎0266-72-3939、赤岳頂上小屋☎090-2214-7255、八ヶ岳山荘☎0266-74-2728、美濃戸高原やまのこ村☎0266-74-2274、赤岳山荘☎0266-74-2272、美濃戸山荘☎0266-74-2270、町営美し森たかね荘☎0551-48-2311

アドバイス／Q&A

＊1 美濃戸山荘には、清水で冷やした高原牛乳、トマトなどがあり、ひと息入れる休憩地として、多くの登山者が利用している。北沢コースは美濃戸山荘からさらに林道を歩くと登山口がある。

＊2 北沢コースには、サラシナショウマ、ヤグルマソウ、キバナノヤマオダマキ、テガタチドリ、ヤマホタルブクロ、ヤナギランなど数多くの花が見られる。

横岳手前のピークを西側に巻く広大な砂礫帯。コマクサの大群落が優美に広がる。右のピークは横岳

59

3 赤岳鉱泉〜硫黄岳〜横岳〜赤岳〜県界尾根〜美ノ森

横岳最初の岩頭は、クサリを頼りに西側を巻く。ここからは右にクサリのトラバースがはじまる

横岳山頂奥ノ院へ最後の岩場を登り終える。後方には越えて来た主稜がよく見える

横岳山頂。後方には行く手の赤岳が孤高の頂をのぞかせている。西側は切れ落ち、高度感がある

アドバイス／Q&A

*3 赤岳鉱泉からは、夕陽に染まる大同心、小同心の岩峰が絵になる。山岳写真を愛する人は、一度はカメラに収めたい被写体。

Q 硫黄岳山頂からの展望は？
A 山頂の北側からは、夏沢峠を隔てて天狗岳から続く北ハガ岳や蓼科山が望め、南側には南ハガ岳の主峰群が天を突く峻険さで、赤岳、横岳、阿弥陀岳と高さを競って居並ぶ。写真愛好家にとっては、朝日と夕陽の時間帯が感動ものだが、好天の日中の午前中は、ベストショットがものにできる。

Q 横岳を通過する注意点は？
A コマクサの花園を通る天国から一変して、横岳は岩の殿堂で、随所にクサリやハシゴがかかる「地獄」を味わう。しかし、登下降や横に移動する際は、三点支持を守り、確実に足場をとってバランスよく登れば、安全に越えられる。

Q 県界尾根は安全か？
A 赤岳山頂から森林限界付近までは、峻険な岩場や、ザレ地の急斜面が続く。したがって、雨後や霧のために足場が濡れている時は、確かに危険地帯となるが、危険箇所にはクサリやハシゴがつけられているので、バランスよく下れば問題はない。

点で、多くの登山者でにぎわっている。
　休憩したら大ダルミへと下る。硫黄岳山荘の周辺は駒草神社が象徴するコマクサの一大花園だ。時間をさいて鑑賞しよう。石ザレの斜面を登り、砂礫の斜面に出ると左右にコマクサのお花畑が広がる。横岳が迫ると小岩頭をクサリの助けを借りて横に移動し、ハシゴとクサリのかかる岩稜を攀じると横岳奥ノ院に着く。赤岳方面の展望がよい。
　奥ノ院の先でハシゴを下ると、稜線の清里側を歩くようになり、みごとに咲き競う高山植物群落を見ながら、富士山を遠くに眺め、稜線を気持ちよく歩く。
　石尊峰をすぎると、道は山稜の東側か

地蔵ノ頭から横岳を振り返り見る。大同心、小同心、日ノ岳がくっきり望め、緊張して下ったスラブ帯も確認できる

赤岳南峰から朝霞にけむる清里側。千曲川の源流部が写真中央に見え、その右側には奥秩父山塊が一幅の墨絵のように広がる

赤岳鉱泉〜硫黄岳〜横岳〜赤岳〜県界尾根〜美ノ森

ら西側へと変わって岩場を下り、鉾岳（ほこだけ）の西面のクサリのかかる岩棚を下降して登り返す。右側が切れ落ちているので、緊張する区間である。

日ノ岳（ひのだけ）周辺では、チョウノスケソウやウルップソウなどのお花畑が迎えてくれる。最後のクサリ場はスラブ帯の急下降で、階段状に足掛かりが刻まれているものの、砂が乗っていたりするので、スリップには要注意。右にトラバースし、岩稜を下って二十三夜峰のハシゴを下りると横岳は終わる。地蔵ノ頭（じぞうのあたま）を見送ると赤岳天望荘（てんぼうそう）に着く。

第3日 赤岳から県界尾根を下る
MAP ③ P10-11

県界尾根の険悪地帯最下部の岩場。急な長いハシゴとクサリの岩壁を下る。後ろ向きでバランスよく下りよう

大天狗。森の中で、登山道から左にわずかに登ったところ。見すごす人もいる。涼やかで休憩にはよい

赤岳天望荘の付近は、多種多様な高山の花たちが彩る楽園がぐるりと囲んでいる。朝は風が穏やかで、花を鑑賞するには最適な時間。赤岳山頂までは、高山植物図鑑を片手に、花をのんびり愛でながら登ろう。チョウノスケソウ、ハクサンイチゲ、ハクサンチドリ、タカネシオガマ、ヨツバシオガマ、イワウメなど、数えきれないほどの花たちが群落する。

赤岳は、赤岳頂上小屋の建つ北峰と、赤岳山神社の建つ南峰の、2つの峰の総称で、どちらも展望に恵まれている。この2峰からは、異なった山岳展望が得られるので、写真を愛する人は、両方の峰からさまざまな撮り方に挑戦しよう。

県界尾根（けんかい）へは赤岳頂上小屋の前から下る。トイレへの道を右に分け、いったん左方向に下る。眼下に下山するルートが俯瞰できる。クサリやハシゴが連続し、滑りやすいザレた斜面もあり、ひや汗の出るところが何カ所もある。ちなみに、昔は夏でも滑落事故が発生し、毎年死者が出ていたという。

フィナーレは、長いハシゴとクサリのかかる岩壁を下り、右に基部をトラバースする。ここから下は大きなダケカンバが生える森の中。斜度はきついが、ジグザグに下る。下り着いた平坦地は、樹林

赤岳南峰の赤岳山神社。古来、人々がいかに山を崇拝し、神々の住む場所として崇めてきたかを、うかがい知ることができる。参拝していこう

小天狗。平坦地で展望は申し分ない。振り返ると赤岳が遠くにピークをわずかに見せている

赤岳山頂直下の県界尾根起点。まずはミヤマダイコンソウの群落の中を下る

県界尾根をかなり下った野辺山と美ノ森の分岐点。ここは右にコースをとる

アドバイス／Q&A

Q 美し森からのバスは？

A シーズン中は、高根町が運行する清里ピクニックバスが観光地を巡回している。清里駅は、このバス路線の通過駅なので、利用できる。温泉の天女の湯へも回っているので、時間があれば汗を流そう。

　が切られ、展望が得られる。振り返ると赤岳と横岳が威風堂々と座っている。
　大天狗はすぐ先で、そこから縞枯状の林をぐんぐん下り、緩やかな尾根を行くと小天狗の広場に着く。ここも展望はよい。右手に真教寺尾根が谷を隔てて並び、振り返ると権現岳、赤岳、横岳が立ちはだかって見える。
　再び森の中に入って、防火線ノ頭への道を左方面へ分けると、急下降がはじまる。クマザサが登山道を覆って、雨後や早朝時は足が濡れてしまう区間が続く。そんな時はレインウェアのパンツを身に着けるといいだろう。やがて右手の展望がきく小広い場所に出て、さらに下ると平坦路となって林道に合流する。
　林道を左に折れて進むと、砂防堰堤を右に見て、大門沢に沿って下るようになり、登山口の車止めゲートまで下る。ここで舗装道路に合流する。そのまま車道を下ると、美ノ森バス停に着く。途中のキッズメドウズハイランドパークと町営たかね荘にもバス停がある。
　清里駅まで歩く人は、車止めのゲートをくぐって車道を進み、町営たかね荘への案内板に導かれて右に入り、たかね荘から遊歩道を羽衣池方面への道を分け、美ノ森方面に入る。美ノ森は、富士山をはじめ、南アルプスや奥秩父まで見わたせる眺めのよい山で、標高は1543m。5分ほど下ると美ノ森観光案内所の大駐車場に出る。
　そこから車道に出て信号機を直進、あとは一本道のコスモス街道を、清里駅までひたすら歩く。

県界尾根を下りきった林道出合。登山口の標示板がある。ここは東へ折れ、林道を下る。後方に赤岳が望める

サブコース・南八ガ岳 ①

秋の 県界尾根

紅葉と展望がすばらしい

主峰・赤岳から優美な紅葉の中を清里へ

MAP 3 P10-11

　赤岳までは①②③のコースを参照してほしい。ちなみに秋は日照時間が夏よりもかなり短いので、一日の行動範囲を短く設定しなくてはならない。また朝と昼間の温度差が激しいので、防寒着なども万全に用意したい。

　赤岳北峰には赤岳頂上小屋があり、南峰には赤岳山神社が建っている。県界尾根へは赤岳北峰の東側からコースがのびている。赤岳頂上小屋のすぐ下からは、眼下に下山ルートを望むことができるので、確認しておこう。

　下山路は、滑りやすいザレの斜面やクサリのかかる岩場など、危険箇所が連続する。気を抜かないように注意して下ろう。途中には真っ赤に色づいたミヤマダイコンソウ、黄色く色づいたハクサンイ

右：小天狗までの尾根は草紅葉の道だ
左：岩壁帯を下るとダケカンバ林に出る
下：大天狗からは紅葉彩る赤岳が美しい

森林限界付近から行く手を望む。右に真教寺尾根、中ほどに県界尾根がのびる。清里高原も見えている

チゲなどの草紅葉が見られる。
　長いハシゴとクサリのかかる垂直に近い長大な岩壁を下ると岩場の基部に着き、右にトラバースすると危険地帯は終わる。眼下にはみごとに黄葉したダケカンバの林が広がり、秋の山歩きのよさが実感できるだろう。
　大きなダケカンバの森に入ると、ジグザグをきって下るようになり、腰掛けるのに格好の石が散在する。まずはダケカンバの根元に腰掛けて、梢の天辺でも眺めながらティーブレイクしよう。こんな時、携帯性のよいガスバーナーとガスボンベ、それにコッフェルを持参し、お湯を沸かして、好物のティーやコーヒーを入れる喜びがある。気の合った仲間同士の登山なら、それぞれが担ぎ上げた食料や飲み物を分け合うのも山の楽しみのひとつである。また、単独での入山であっても、独りでしか味わえない楽しみがあって、山歩きは実に愉快である。
　いったん下り着いた地点は、大天狗(おおてんぐ)のすぐ手前で、木が切り倒された展望の平坦地だ。来し方の赤岳方面がなかなかい

い。夏の展望とはひと味異なる風景が展開する。カメラを持参した人は、カラー写真に向いた好被写体が得られるので、存分にシャッターを切り、さまざまな色彩を画面に組み立ててほしい。
　大天狗からはシラビソなどが立ち枯れた林の中を下り、緩やかな草紅葉の草原に道が変わると小天狗(こてんぐ)の広場に着く。ここからの赤岳、横岳(よこだけ)、権現岳(ごんげんだけ)の展望も申し分ない。右手には真教寺尾根が谷を隔てて立ち並び、青空のもと、紅葉がことのほか映え、大展望に満足することができるだろう。
　展望のない森の中に入り、防火線ノ頭(ほうかせん)(あたま)への道を左に分けると急下降がはじまる。クマザサが登山道を覆って、足にま

最大の岩壁帯。一歩一歩確実に足場を確保しよう

上：赤岳北峰から赤岳山神社の建つ南峰を見る。草紅葉が点在する
下：赤岳山頂から西方を望むと、阿弥陀岳と諏訪平野が見える

原に変わる。緩やかに進むと林道に合流する。林道を東に折れると、右手に砂防堰堤が現れ、しばらくは大門沢(だいもんざわ)に沿って左岸を進む。道が右岸に移ると車止めのゲートは近い。

ゲートの前からは、舗装道路が下方へのび、そのまま車道を行くと、キッズメドウズハイランドパーク、さらに町営たかね荘バス停への道を右に分け、美ノ森(うつくしのもり)バス停に着く。

清里(きよさと)駅まで歩く場合は、美ノ森バス停から車道を下り、信号機を直進して、一直線にのびるコスモス街道をひたすら歩く。美ノ森バス停から清里駅まで、所要約1時間。

車道歩きは味気ないという人には、車止めゲートから舗装道路を下って、途中から右に折れ、町営たかね荘に出て、美ノ森を経由して下るコースもある。美ノ森は富士山を望む絶好の展望台だ。

とわりつく区間が続く。雨後などは足がびしょ濡れになってしまうので、雨具を着けると安心だ。しかし、急いで下ると汗をかき、体の内部から蒸れて結局は濡れてしまうので、そんな時は、とにかくのんびり紅葉の山肌を眺めながら下ることをおすすめする。

右手の樹林が切れた展望台まで下ると、さらに何カ所か展望の優れた場所を通り、やがて斜度が落ちてクマザサの草

参考コースタイム 赤岳（1時間40分）
大天狗（1時間）小天狗（1時間40分）
美ノ森（1時間）清里駅

硫黄岳山荘 と 八ガ岳の名花・コマクサ園

　硫黄岳山荘は、硫黄岳南方の鞍部、大ダルミの東側に、西風を避けるように建っている。オーナーは2代目の浦野栄作氏。戦後、父君の銀二郎氏が村から石室を借り受けたことがはじまりで、昭和38年に旧館を、昭和53年には今の山荘の原型に新築された。それから年を追うごとに改築が施され、現在にいたっている。木の温もりのするアットホームな山小屋として人気が高い。酒やビール、清涼飲料水などが豊富に揃う売店も充実している。

　付近一帯は他に類のない高山植物の一大群落地で、ウルップソウ、ハクサンイチゲ、オヤマノエンドウ、ミヤマシオガマ、ミヤマダイコンソウ、チョウノスケソウ、ウサギギクなど、7月の最盛期を中心にさまざまな種が開花を競っている。また、ヤエキバナシャクナゲは国の天然記念物に指定されている。特筆すべき花はコマクサで、浦野栄作氏らの努力が実を結び、大ダルミ周辺はみごとなコマクサのお花畑となっている。また浦野氏は昭和56年、硫黄岳山荘創立30周年を記念して駒草神社を建立。それから毎年、7月第2土・日曜にはコマクサ祭を開催している。さらに、小屋前に広大な高山植物観察園を整備育成し、コマクサをはじめ、ヤエキバナシャクナゲなど、数多くの高山の花たちを鑑賞できるようにしている。これは浦野氏らの永年の汗がみごとに結実した結果である。しかし、過去には、心ない登山者によってコマクサなどが盗掘されるなど、落胆することもあったとか。関係者の努力に心から感謝し、花々に触れてみたい。

上：硫黄岳山荘の前にみごとな群落を形成するコマクサのお花畑
右：硫黄岳山荘の小屋主、浦野栄作氏

硫黄岳山荘。この左側にコマクサ神社が建つ

4

MAP ② P8-9 ③ P10-11 ④ P12-13
⑤ P14-15

桜平 ▶ 夏沢峠 ▶ 硫黄岳 ▶ 横岳 ▶ 赤岳 ▶ 権現岳 ▶ 編笠山

2泊3日

技術度 ⚒⚒
体力度 👣👣
危険度 ⛰⛰

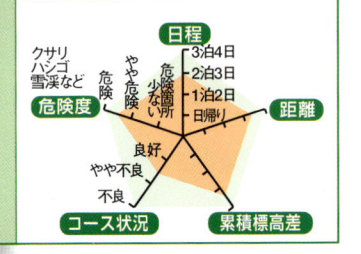

(レーダーチャート: 日程/距離/累積標高差/コース状況/危険度)

多彩な花を楽しみ、岩稜の核心部を行く。南八ガ岳主脈を全走破

第❶日＝桜平〜夏沢峠〜硫黄岳山荘
第❷日＝硫黄岳山荘〜横岳〜赤岳〜権現岳
第❸日＝権現岳〜編笠山〜小淵沢駅

● 歩行距離
第1日＝ 5.5km
第2日＝ 7.0km
第3日＝ 11.0km
総 計＝ 23.5km

● 標高差
標高差＝1014m
（桜平〜赤岳）
累積標高差
第1日＝ ＋907m
       －139m
第2日＝ ＋733m
       －1007m
第3日＝ ＋140m
       －1638m
総 計＝ ＋1780m
       －2784m

● 2万5000図
蓼科・八ヶ岳西部・
八ヶ岳東部・谷戸

参考コースタイム

第1日
JR中央本線茅野駅
　タクシー45分
桜平
　45分
夏沢鉱泉
　1時間25分
夏沢峠
　1時間10分
硫黄岳
　20分
硫黄岳山荘
第1日歩行時間
3時間40分

第2日
硫黄岳山荘
　1時間15分
横岳奥ノ院
　1時間35分
赤岳
　1時間45分
キレット小屋
　2時間
権現岳
第2日歩行時間
6時間35分

第3日
権現岳
　50分
ノロシバ
　30分
青年小屋
　40分
編笠山
　50分
押出川
　30分
雲海
　40分
観音平
　2時間10分
JR小淵沢駅
第3日歩行時間
6時間10分

コース・プランニング

早朝、桜平を出て赤岳で1泊。2日目は青年小屋まで行く手もある。あるいは、それに夏沢峠を1泊目に加える3泊4日の、のんびり型山旅もおもしろい。

●**季節** 南八ガ岳を全山縦走するコース。梅雨が終わったあとの花の時期に訪れよう。

●**服装** しっかりした登山靴、上下タイプの雨具、速乾性のTシャツ、長袖シャツ、軍手、帽子、バンダナなど。

●**必携用具** 水筒、携帯に向く高山植物図鑑、地図、ヘッドランプ、ストック、バンダナ、サングラス、手ぬぐい、ザックカバー。

ツルネから赤岳を望む。左の小ピークは中岳、その奥にわずかに横岳の頭が見える。右の鋭鋒は天狗尾根の大天狗、小天狗

桜平の登山口。車止めゲートをくぐって進む

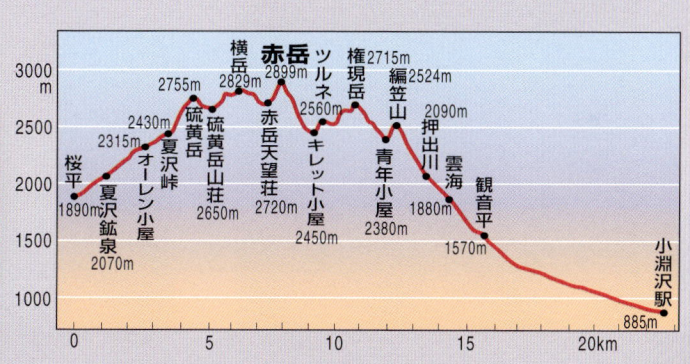

登山適期

高山植物
梅雨
山小屋最大利用者数
(最小期間)

6月 夏 7月 8月 山 9月 秋 10月 紅葉 11月 冬 12月 1月 2月 3月 山 4月 春 5月 残雪期

桜平 1890m
夏沢鉱泉 2070m
オーレン小屋 2315m
夏沢峠 2430m
硫黄岳 2755m
硫黄岳山荘 2650m
横岳 2829m
赤岳天望荘 2720m
赤岳 2899m
キレット小屋 2450m
ツルネ 2560m
権現岳 2715m
青年小屋 2380m
編笠山 2524m
押出川 2090m
雲海 1880m
観音平 1570m
小淵沢駅 885m

4 桜平〜夏沢峠〜硫黄岳〜横岳〜赤岳〜権現岳〜編笠山

第1日 夏沢峠を経て硫黄岳へ
MAP ❷P8-9・❺P14-15

JR中央本線茅野駅からタクシーを利用して、桜平の一般車両通行止めゲートの前まで入る。ここまではマイカーも上がれる。駐車場は、ゲートの手前を左に林道を進むと、左右に何カ所かあり、終点に広いスペースがある。

桜平からはゲートを越え、坂道を下って沢を渡る。しばらく歩くと右から上槻ノ木方面の道が合わさる。林道は巨木帯のひんやりした中、路面がゴツゴツしており、しだいに斜度が増す。橋を渡ると

オーレン小屋は人気のスポット。ここまで上がるハイカーが多い。夕食がおいしいと好評

夏沢鉱泉は近年新築され快適な山小屋となった。水洗トイレもある。日帰り入浴は大人1人500円

林道は終点となり、新築された夏沢鉱泉の前に着く。休憩によい広場もある。

夏沢鉱泉からわずかの間は広い道だが、急坂になると、いよいよ登山道らしい道幅になって、夏沢の右岸を行く。路面はマウンテンバイクが快適に走れるほどに整備が行き届いている。

足の運びに注意を払わなくてもよい道は、心の中の会話が活発になる。ひとりで歩く時はなおさらである。喧騒の日常と離れ、自然の中にたっぷりと身を置き、森のイオンを全身で受ける。登山の目的は多様化したけれど、登山の真の至福とは何か……。痛ましい遭難事故が次々と起こった過去のある時代、「山に何故登るのか？」という、登山者に対して社会的な抗議が巻き起こったことがあった。山では何が起こるかわからないし、人知ではとうてい支配のおよばないのも山の自然。しかし、いったん山に入

桜平から夏沢鉱泉に出る林道で出会った沢。水量が豊かで渓流の風情はなかなかのもの

夏沢峠のヒュッテ夏沢をすぎると、崩壊地の縁を行く。眼前には硫黄岳が見える。登行ルートが確認できるので、目で追っておこう

硫黄岳への登り。このあたりまで登ると斜度は落ち、山頂も近い。ハイマツと高山植物の道だ

ったからには、いかなる事態が起ころうとも、ありったけの知恵と汗を絞って事態に対処しなければならない。登山とはそういうものであり、だからこそ心の中の対話を活発にすることが大切になるのではないだろうか。登山者自身の知恵と肉体に100％依存する行為こそ、とりもなおさず登山の至福のひとつなのだと私は思う。

　話をコースにもどそう。苔むした岩間を清流が静かに流れる夏沢を渡ると、ジグザグ登りの高巻きとなる。登りきると森が切れて硫黄岳が望めるようになり、やがてオーレン小屋に着く。小屋の前には名水が湧き、キャンプ指定地もある。

　ここで右に赤岩ノ頭経由の硫黄岳道が分岐し、少し進んで左に、根石岳を経て天狗岳方面への道が分かれる。

　直進して夏沢峠を目指し、シラビソの美林の中を登ると夏沢峠に出る。左に山びこ荘、右にヒュッテ夏沢を見送り、左側が崩壊した縁を進む。再び森の中に入

交通機関・山小屋問合せ

🚕 アルピコタクシー☎0266-71-1181、第一交通タクシー☎0266-72-4161、中山タクシー☎0266-72-7181、小淵沢タクシー☎0551-36-2525

🏠 夏沢鉱泉☎0266-76-2612、オーレン小屋☎0266-72-1279、山びこ荘☎0266-72-3260、ヒュッテ夏沢☎0266-58-7220、赤岳天望荘☎0266-58-7220、赤岳頂上小屋☎090-2214-7255、キレット小屋☎0467-87-0549、権現小屋☎090-2657-9720、青年小屋☎0551-36-2251

唐沢鉱泉方面と桜平方面の分岐点。右へ入る

車止めゲートの前を左に入った桜平の駐車場

こまくさ荘が建て替えられヒュッテ夏沢となった

夏沢峠に建つやまびこ荘。左の写真の小屋に隣接

アドバイス／Q&A

＊1 夏沢鉱泉には水洗トイレが設置され、日帰り入浴もできる。

＊2 オーレン小屋までは道が整備されているので、小屋に宿泊したりキャンプするハイカーが多い。黄蓮清水という名水も小屋の前に湧く。トイレは自然にやさしい水洗型。

＊3 夏沢峠は古来、諏訪側と佐久側を結ぶ重要な往還道だった。いまでも、夏沢峠を結ぶ八ガ岳横断コースとして存在している。

＊4 横岳の通過は②コースの54・55㌻に詳しいので、そちらを参考に。

いかなる時も涸れることのない味のよい黄蓮清水

4 桜平～夏沢峠～硫黄岳～横岳～赤岳～権現岳～編笠山

硫黄岳山頂から望む赤岳山群。左から横岳、赤岳、中岳、阿弥陀岳が居並ぶ。背景は南アルプス

り、抜け出ると岩礫の斜面をジグザグに登るようになる。徐々に斜度が落ちて、大きなケルンを見て、爆裂火口壁の岩頭を登ると硫黄岳山頂に着く。

硫黄岳山頂の南側から大ダルミまで下ると、左側に硫黄岳山荘が現れる。

第2日 横岳、赤岳を経て権現岳へ
MAP ❷P8-9・❺P14-15

日の出を迎えるには、硫黄岳山頂まで登り返すか、山荘の東側に広がるコマクサ園がよい。ご来光に手を合わせたら2日目の行動を起こそう。67ページの硫黄岳山荘とコマクサ園のコラムを参考に、朝の涼やかな大気を胸いっぱい吸って、高山の花巡りをしてみよう。朝食をすませたら横岳(よこだけ)の岩場や、赤岳(あかだけ)キレットの難所越えに備え、身体をほぐすストレッチ運動を入念にやっておこう。

左右に広がるコマクサの可憐な花を見つめつつ、岩礫の道を進み、ザレの斜面をジグザグに登って、穏やかな砂礫の広大な斜面に出る。ここはコマクサのみごとなお花畑が開けるところだ。右に大同心(だいどうしん)を見て、横岳への登りにかかる。クサリを補助に、岩場のトラバース、桟橋、ハシゴ、そしてクサリの岩稜を登ると横岳奥ノ院(おくのいん)だ。

南方のハシゴを下り、山稜の東側を巻いて進み、あちこちに咲く高山植物を見ながら、好天時なら気持ちよく歩ける区間がしばらく続く。それも石尊峰(せきそんほう)まで。コースはここで稜線の東側から西側へ下り、鉾岳(ほこだけ)のクサリのかかる岩場を下降し、登り返す。右側がすぱっと切れ落ちる高度感のある岩壁なので要注意だ。

いったん日ノ岳(ひのだけ)の左側に出ると、チョ

横岳手前の砂礫帯の緩やかな尾根上に咲くコマクサの群落。青空にピンク色の花が映える

赤岳北峰から南峰を望む。岩々の間にはミヤマダイコンソウなどの花が咲く

ウノスケソウ、ミヤマダイコンソウなどの高山の花が優しく迎えてくれる。ここからは横岳南稜のクサリ場を急下降する。ステップが刻まれた上部から、クサリの下部まで下り、右に岩場の基部を回りこむと、岩稜の下りになる。二十三夜峰（にじゅうさんやほう）を越えると横岳の通過は終わる。

　お地蔵さんを右に、赤岳天望荘（あかだけてんぼうそう）の2つの建物の間を抜けると赤岳の起点に着く。右手の斜面は、ぜひご覧いただきたい花たちで埋まる広大な花園だ。時間をとって鑑賞しよう。

　ザレ地と岩稜をいっきに登ると赤岳山頂。山頂は赤岳頂上小屋の建つ北峰、赤岳山神社の建つ南峰の2つの峰からなる。北峰からは越えて来た横岳と硫黄岳が、南峰からは行く手のキレットから続く権現岳（ごんげんだけ）への主稜線の峰々が折り重なって見える。展望を楽しみ、大休止したら

赤岳山頂から権現岳を望む。キレットまでと、さらに権現岳までのルートがわかる

出発しよう。

　キレットへは赤岳南峰直下の分岐で、右に文三郎道（ぶんざぶろうどう）、阿弥陀岳（あみだだけ）方面への道を分けて直進する。竜頭峰（りゅうとうほう）の南東側まで進み、そこからキレットへの急な下下降がはじまる。ハシゴを下り、真教寺尾根（しんぎょうじおね）を左に分ける。天狗尾根ノ頭はクサリの岩場を下り、大天狗（おおてんぐ）の岩峰を左下に見て、やせた岩稜をクサリで下る。そこからはルンゼ状のガレた急斜面を、足場を慎重に確保しながら下る。

　森林帯に入ると路面は安定し、ダケカンバの林が現れる。振り返ると、赤岳や阿弥陀岳の展望がすこぶるよい。ハイマツや植物の生えない白い砂礫地に着くと最低鞍部。この先の分岐を左にとるとキレット小屋へ、直進は主稜だが、先でいっしょになる。

赤岳南峰から最初の分岐（キレット方面と阿弥陀岳方面を分ける）まで岩場を下る

桜平〜夏沢峠〜硫黄岳〜横岳〜赤岳〜権現岳〜編笠山

ツルネを行く登山者と後方の山は阿弥陀岳。このあたりは展望がことのほかよい

森の中をいっきに高度を上げ、モレーン帯に似た石の折り重なるハイマツの縁を登ってツルネの山頂に出る。来し方の展望が抜群によく、越えて来た竜頭峰や大天狗の天を突き刺す岩峰群が、赤岳を際立たせている。中岳を境に、赤岳の左に見える阿弥陀岳のピラミダルな山容も見逃せない。足元にはピンク色をしたコマクサの大株も点在している。時間の許す限り山岳展望と花を楽しもう。

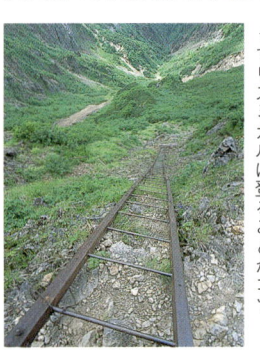

尾根道は先で急登になって、旭岳(あさひだけ)山頂を巻く。クサリのかかる岩場をトラバースし、61段の源次(げんじ)バシゴ、続いてクサリの岩稜を登ると権現岳分岐に立つ。右下が権現小屋。山頂へは直進する。

権現岳北側の分岐から権現小屋へ下りる。ギボシから左がギボシがどっしり座る。背後にギボシがどっしり見下ろす。ギボシから左が編笠山へのルート…権現岳山頂の北の肩に突き上げる61段の源次バシゴ。バランスをとりズミカルに登ることがコツ

第3日　編笠山を経て小淵沢へ
MAP ❹ P12-13

権現小屋からは、朝日に映えるギボシが眼前に、その左側には編笠山(あみがさやま)が指呼の間に見える。まずは目の前のギボシを目

ギボシの先のザレた斜面。滑らないようにバランスよく歩こう

ノロシバをすぎ、樹林帯を抜けると青年小屋が見えてくる。編笠山へのルートも確認できる

指してハイマツの中を登る。山頂部は、左へ山腹を巻いて岩礫地を行く。
　ギボシを巻き終えると、ノロシバへと道はのびる。多種多様に咲くさまざまな花を見ながらノロシバを越え、青年小屋が建つ鞍部までハイマツ帯を下る。鞍部には分岐があり、右は乙女ノ水とよばれる水場を通って西岳方面の道、左は編笠山を巻いて押手川出合に向かうエスケープルートの道だ。青年小屋の前にはキャンプ指定地もある。

キレット周辺

キレット小屋　権現岳へ
岩場あり
尾根を分けて左に下る
大天狗
小天狗
ルンゼ状の滑りやすい急斜面。ルートがわかり難いので、よく判断して進むこと
天狗尾根ノ頭
真教寺尾根
美ノ森へ
クサリやハシゴが連続し、スリル満点の岩稜
阿弥陀岳へ
滑りやすい岩尾根の急斜面
ハシゴ
竜頭峰
分岐
文三郎道分岐
赤岳南峰
赤岳天望荘へ　行者小屋へ
N

アドバイス／Q&A

Q 硫黄岳山頂は？
A 山頂部は広大な平坦地。霧が出たりすると迷いやすい。大きなケルンが各コースに導いてくれる。花はあまり発達しないが、山頂の南～東側の周辺にはコマクサが見られる。展望はみごとで、北側からは天狗岳方面の北八ガ岳。南側からは赤岳を主峰に南八ガ岳の峰々が優美。

下…青年小屋の赤提灯が目印
左…権現小屋

Q キレット小屋は？
A 営業期間は夏期に限定される。東方にキャンプ指定地がある。付近は高山植物が豊かに生息している。

かき氷と高原牛乳は青年小屋のおすすめメニュー

Q ギボシ周辺の花の種類は？
A 横岳や赤岳と異なり、タカネニガナ、ミヤマママンネングサ、タカネナデシコ、イブキジャコウソウ、ホソバヒメシャジンが見られ、チシマギキョウ、ミヤマダイコンソウ、イワベンケイも咲く。

下り着いた観音平には、大きな駐車場がある

Q 観音平～小淵沢駅への交通手段は？
A バス利用の人は、観音平バス停まで観音平歩道を約2.5kmほど歩く。所要時間は約40分。しかし、運行期間は夏の限られた期間内で、1日に運行される便数は少ない。タクシーを利用した方が便利。ロッジで電話が借りられる。

観音平から車道をわずかに下ると延命水の名水が湧く

4　桜平〜夏沢峠〜硫黄岳〜横岳〜赤岳〜権現岳〜編笠山

編笠山の山頂。展望がいいので多くの登山者でにぎわう。左奥は南アルプスの甲斐駒ガ岳方面

　編笠山へは直進する道をとる。大岩が広大に累積した中を、赤ペンキの矢印や、踏跡を判断しながら進み、背丈の低い針葉樹林に入ると、間もなく編笠山の山頂に着く。山頂からの展望は、南アルプスと富士山がずいぶん近く見え、越えて来た権現岳から赤岳、阿弥陀岳の山岳展望もすばらしい。この展望を求めて編笠山に登るファンが多いというのも、山頂に立ってみれば納得できる。

　山頂の南東部から指導標に導かれ、ハイマツの中の急下降がはじまる。南アルプスを正面に望み、いっきに高度を落とし、押手川出合に出る。ここで急下降の道は終わり、引き続き森の中を進むと、休憩によい雲海展望台に着く。ここは分岐点で、富士見平へのルートを右に分け、左に入って観音平まで下る。

　観音平には、大きな駐車場と観音平グリーンロッジが建っている。しばらく休憩していこう。あとは小淵沢駅まで、ひたすら観音平歩道を歩く。

押出川で憩う登山者。分岐点で、青年小屋からの巻道ルートと、編笠山からのルートが出合う

雲海展望台。樹間が開け、小淵沢方面が見える。休憩によいベンチも置かれている

下り着いた観音平。小淵沢駅へのコースを案内板で確認し、観音平歩道を下る

八ガ岳の火山地形と硫黄岳爆裂火口

本沢温泉付近から望む硫黄岳の火口壁

横岳奥ノ院から望む硫黄岳南西側の爆裂火口跡

八ガ岳は、一般的に夏沢峠を境にして北八ガ岳と南八ガ岳に分けられている。これは北と南では、地形の構造や植生、樹相が異なっていて、さらに南北のほぼ真ん中に位置する夏沢峠でみごとに分けられていることによる。

八ガ岳は、南北20数kmにおよぶ一連の火山列を形成し、大小約20個の噴出口を抱えた諸火山の集合体であり、この火山活動の歴史が成因に大きく影響している。火山活動は、古八ガ岳期と新八ガ岳期に分けられる。まず古八ガ岳期に今の北八ガ岳の東列に大規模な成層火山群を形成したのち、順次活動を南下させ、南八ガ岳の成層火山群を造った。その後、侵食期間を経て新八ガ岳期に入り、逆に南八ガ岳の成層火山群の形成からはじまり、北八ガ岳の西列（今の主稜）に多数の溶岩丘群を形成して活動を終えている。南八ガ岳は古い火山帯の直上に新しい火山帯が形成されたのに対し、北八ガ岳は新旧東西2列の火山活動があった。南八ガ岳の権現岳、赤岳、阿弥陀岳、横岳、硫黄岳などは新八ガ岳期に骨格が形成され、その後の侵食作用で、東、西、北側は比高300mにおよぶ峻険で荒々しい峰々を形成した。一方、北八ガ岳は火山の歴史が古く、風化侵食作用が顕著で、なだらかな山が多く、深い針葉樹の森と神秘的な湖などの自然景観を生んだ。

硫黄岳は、八ガ岳火山史の中では最も新期に形成されたひとつであり、爆裂火口が生々しい。湾曲断崖は直系1km、山頂と噴火口（本沢温泉付近）との比高は550mを超える。爆裂の凄まじさは、硫黄岳、天狗岳、稲子岳などの東半分の大崩壊をつくり、松原湖沼群やみどり池の優美な景観を誕生させた。

硫黄岳山頂の東方から北側の爆裂火口壁を望む

77

5 MAP 4 P12-13

天女山 ▶ 三ツ頭 ▶ 権現岳 ▶ 編笠山 ▶ 小淵沢

1泊2日

- 技術度
- 体力度
- 危険度

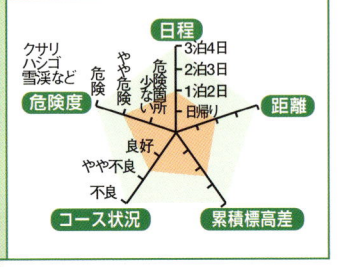

（レーダーチャート：日程／距離／累積標高差／コース状況／危険度）

天女伝説の山から、権現岳、ギボシのみごとなお花畑の中を行く

第❶日＝天女山〜三ツ頭〜権現岳
第❷日＝権現岳〜編笠山〜小淵沢駅

● **歩行距離**
第1日＝9.0km
第2日＝12.5km
総　計＝21.5km

● **標高差**
標高差＝1551m
（甲斐大泉駅〜権現岳）
累積標高差
第1日＝＋1587m
　　　　－55m
第2日＝＋155m
　　　　－1958m
総　計＝＋1742m
　　　　－2013m

● **2万5000図**
谷戸
八ヶ岳西部
八ヶ岳東部
小淵沢

参考コースタイム

第1日
JR小海線
甲斐大泉駅
　1時間10分
天女山入口
　25分
天女山
　25分
天ノ河原
　2時間
2180m地点
　40分
前三ツ頭
　50分
三ツ頭
　1時間10分
権現岳

第1日歩行時間
6時間40分

第2日
権現岳
　50分
ノロシバ
　30分
青年小屋
　40分
編笠山
　50分
押出川
　30分
雲海
　40分
観音平
　1時間
棒道分岐
　1時間10分
JR中央本線
小淵沢駅

第2日歩行時間
6時間10分

コース・プランニング

前三ツ頭付近とギボシ付近のお花畑はゆっくり時間をとりたいところ。また本コースをまったく逆にたどって甲斐大泉に下山し、温泉に入るのも一考。

● **季節**　花の最盛期は7月上〜下旬。紅葉期もみごとで、10月上〜下旬。
● **服装**　長ズボン、Tシャツ、トレッキングシューズか登山靴、長袖シャツ、レインウェア、帽子、軍手。
● **必携用具**　水筒、携帯に向く高山植物図鑑、地図、ヘッドランプ、ストック、バンダナ、サングラス、手ぬぐい、ザックカバー。

青年小屋の前から望む豊かな針葉樹の森。背後は権現岳とギボシ。
右が権現岳で、その左下の鞍部に権現小屋が見えている

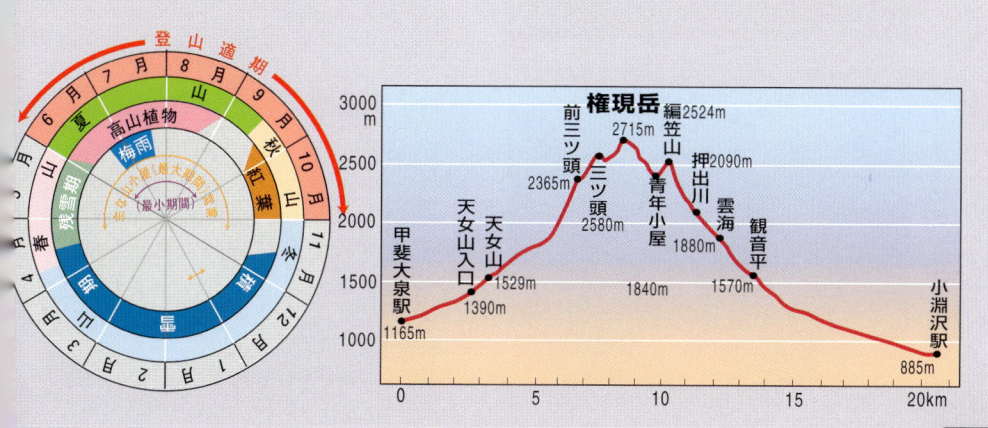

天女山～三ツ頭～権現岳～編笠山～小淵沢

第1日 甲斐大泉駅から権現岳へ
MAP ❹P12-13

　JR小海線甲斐大泉駅から八ガ岳方面に向かって進む。やがて天女山入口の信号機のある、八ガ岳横断道路と高根富士見線の十字路に出て直進、そのまま車道をわずかに進むと、左へ天女山への遊歩道がのびる。ここで車道と別れ、ひと登りで展望台の天女山だ。あずまややベンチがあり、休憩にはよい。この上、100m先が権現岳への登山口。駐車場があり、マイカーやタクシーで上がれる。

　駐車場の左側から登りはじめる。平坦路から階段の坂道になると天ノ河原に着く。三等三角点ながら、富士山の眺望はなかなかのもので、観光客らでにぎわっている。砂礫地の広場にベンチがいくつかある。このあたりにも花は多く、コバギボウシ、ヤマホタルブクロ、ツリガネニンジン、ソバナ、タカネマツムシソウ、ヤマハハコなどが見られる。

　前三ツ頭を目指して緩やかな広い尾根を行く。砂礫の小広い場所が何カ所か現れ、森に入ると登山道らしくなってくる。斜度は徐々に急坂となって、クマザサの茂る森林帯を登る。左側がガレた地点にはタカネビランジの大きな株が赤い花を可憐に咲かせている。その先も急斜面が続き、前三ツ頭にひょっこり飛び出る。山頂といってもそれらしい雰囲気はなく、点在する大小の岩と砂礫の広大な平坦地である。

　ひと息ついたら出発しよう。右に進み、草原の林に入ると再び登りがはじまる。辛い区間だ。斜度が落ちると左から小泉道が合流する。このすぐ上が三ツ頭山頂。ハイマツの尾根上だが、山頂部分

前三ツ頭への登山道。往還する登山者は多い。このあたりは左側の崩壊地をオンタデが彩っている

天女山の山頂。公園風に整備され、あずまやが建ち、展望もよい。休憩にはもってこいの場所

天女山駐車場の登山口から登り着いた最初の展望地・天ノ河原。富士山の眺望が優れているので、ここを訪れる観光客は多い

前三ツ頭山頂で憩う登山者。霧で目標物などが見えない時は地図でコースを確認しよう。コースは霧のかかっている前方の尾根へと進む

甲斐小泉駅からの道と合流する地点。樹木がきれ、腰掛け石も散在し、休憩に適した場所

だけ岩が重なっている。赤岳、編笠山が望め、権現岳が間近に迫って、登行意欲をそそられる。ハイマツの尾根をゆったり進み、権現岳がひときわ高く見えるところから鞍部にいったん下りる。

ダケカンバの大きな木がバランスよく立つ林の中を進み、権現岳への直登がはじまる。しかし、距離はいたって短いので、焦らず登ろう。

森の中を急登し、ハイマツ帯に出ると展望がきき、権現岳直下の山腹を左へ回りこみながら登る。その先でクサリの岩場に出て、岩を越えると、権現岳山頂の南東側から南西側にガレ地を巻く。周辺には高山の花が咲いている。200mも行くと巨岩上の祠の前に出て、そのすぐ上

が権現岳山頂である。

山頂から北へわずかに進むと分岐で、

交通機関・山小屋問合せ

🚕 大泉観光タクシー☎0551-36-5611、小淵沢タクシー☎0551-36-2525
🏠 権現小屋☎090-2657-9720、青年小屋☎0551-36-2251

甲斐大泉駅の周辺にはペンション、民宿などがある。問い合せは大泉村役場☎0551-38-1111へ。泉温泉健康センター☎0551-38-2611

天女山の駐車場。マイカー、タクシーはここまで入れる

アドバイス／Q&A

＊1 甲斐大泉駅から天女山まではタクシーを利用した方が有利。またタクシー利用の天女山早朝発ならば、1日目に青年小屋まで足をのばせる。

天女山に建つ、天女山伝説を解説した案内板

＊2 昔、さまざまな神が美ノ森を聖地と定め、年に一度神々が集った。国を治める掟を談合し、終わると、この山の仕女を招き舞を奉仕させた。仕女は天ノ河原で身を、羽衣ノ池で舞衣を清めた。天女はこの地を好み住みつくことになる。以来、天女山とよぶようになった。

三ツ頭山頂はハイマツの尾根上の高まり。三角点と群れる岩が目印。好天なら展望がよい

三ツ頭の先の見晴らしのよい地点。眼前に権現岳がそびえる。ここからは鞍部までいったん下る。権現岳山頂は指呼の間だ

天女山〜三ツ頭〜権現岳〜編笠山〜小淵沢

権現岳の北方分岐付近から赤岳山群を眺望。右から赤岳、横岳、硫黄岳、そして左に阿弥陀岳が悠々とそびえる。阿弥陀岳の下方にはツルネが裾野をのびやかに広げている。八ガ岳の代表的な光景だ

権現岳の北方にある分岐。左に折れると1分ほどで権現小屋。上の写真はここで撮っている

ギボシ〜ノロシバ間のお花畑。このような花園が連続する花の道。時間をかけてゆっくり歩こう

第2日 編笠山を経て小淵沢駅へ
MAP ❹P12-13

　権現岳からは、八ガ岳の主峰・赤岳と阿弥陀岳が優れた山岳景観を見せている。特に、日の出の時間帯が最適で、朝日に輝く赤岳山群の光景をカメラに収める目的から登ってくる人が多い。カメラマンにとっては人気のスポットである。また、夕景も朝日に負けず劣らずで、ぜひカメラに収めておきたい。
　まずは、編笠山が特徴的なすり鉢を伏せたような山容で座って見えるハイマツの道を、眼前のギボシに向かう。ギボシは南側の山頂直下を巻き、下り坂になっ

　左に1分も下れば権現小屋の前だ。権現岳山頂周辺は、ハクサンイチゲ、コイワカガミ、タカネシオガマ、チシマギキョウ、ウサギギク、ミヤマダイコンソウなどが咲く花の楽園となっている。

編笠山は岩礫の累積する山頂。展望は抜群で、富士山とその右に、南アルプスが、わりと近くに迫って見える。雲海に浮くことも珍しくない

青年小屋から編笠山に向かう登山道。後方は越えて来たギボシと権現岳

て岩礫地を進む。東方には昨日越えて来た三ツ頭が、たおやかに望める。

ギボシから西ギボシにかかると、岩礫の斜面に花園が出現する。登山道の左右に広がるお花畑には、イブキジャコウソウ、タカネシオガマ、タカネナデシコ、ミヤママンネングサ、タカネニガナ、イワオウギ、タカネコウリンカ、ミネウスユキソウなど、数えきれないほどの花で埋まっており、花のジュウタンを敷き詰めたように咲き競う。写真を撮る時は花を踏みつけないようにしたい。運がいいと高山蝶にも出会える必見の場所だ。

ノロシバ周辺までは花が多く、森に入って抜けると青年小屋（せいねんごや）が建つ広い草原に出る。ここは分岐で、右に乙女ノ水（おとめのみず）とよばれる水場が、左に編笠山の北側を押手川出合にショートカットできる道が、それぞれ分かれる。青年小屋の周囲にはキャンプ指定地もある。

編笠山へは分岐を直進し、大岩が累々とした岩原から針葉樹林帯を登る。山頂は実に優美な展望台となっている。

編笠山からは、押手川、雲海（うんかい）展望台を経て観音平（かんのんだいら）まで登山道を下り、観音平歩道を経て、車道を小淵沢（こぶちざわ）駅まで歩く。

編笠山から小淵沢駅までは前項に詳しいので、そちらを参考にしてほしい。

アドバイス／Q&A

Q バンダナはなぜ必携用具か？
A バナダナは折り畳むと、持ち運びが苦にならず、用途も多彩である。夏の歩行は汗をふんだんにかき、目に汗が入ってしまう。ハチマキに使用すると汗の流入が防げる。寒い時は首に巻けるし、降雨の時は頭巾にできる。小物の整理には風呂敷代わりになる便利なグッズ。

Q 権現小屋に泊まるには？
A 権現小屋は宿泊人数50人と、山小屋としては比較的規模が小さい。シーズン中は混雑が予想されるので、事前に予約をし、遅くても午後4時ごろまでには山小屋に到着するようにしよう。

Q 小淵沢駅付近の観光スポットは？
A ハガ岳山ゆり美術館、ハガ岳泰雲書道美術館、フィリア美術館がある。

Q 本コースを逆にたどる注意点は？
A 小淵沢駅から観音平まではタクシーが便利。青年小屋で1泊し、権現岳の下りは岩場が1カ所あり、要注意。前三ツ頭からは樹林帯の急下降が続き、木の根に足を取られないように。また、クマザサの斜面は滑りやすいので慎重に。下山後の楽しみとして、大泉村役場近くに日帰り温泉施設の泉温泉健康センターがある。

観音平にある宿泊施設、観音平グリーンロッジ

押手川で憩う登山者。「押手川」の地名は、苔むす林床を空海が手で押したところ、立ちどころに水が出たという伝承による

サブコース・南八ガ岳 ②

秋の 草紅葉の岩稜と錦繡の尾根を行く
赤岳 ▶ 権現岳 ▶ 天女山

夏の花の季節もいいが、紅葉の秋が特におすすめ

MAP 4 P12-13

赤岳山頂から望む盛秋の阿弥陀岳

秋は、夏よりも日照時間が短かく、気温が低い。さらに快晴時と曇り空の時では寒暖の差が激しいので、これらを考慮して行動しなければならない。

赤岳(あかだけ)までは、地蔵尾根(じぞうおね)、文三郎道(ぶんざぶろうみち)、県界尾根(けんかいおね)などさまざまな道から、好みのコースを登ろう。ちなみにどのコースを登っても、ダケカンバやナナカマドなどのみごとな紅葉が見られる。

赤岳山頂は、赤岳頂上小屋が建つ北峰と赤岳山神社が建つ南峰の2峰からなり、南峰から主稜を南下する。阿弥陀岳(あみだだけ)方面への道を右に、さらに先で真教寺尾根(しんぎょうじおね)を左に分けるとキレットの険路がはじまる。核心部にはハシゴやクサリがかけられているので、慎重に下ろう。ただし、強風時や、降雨時には要注意。10月に入れば、雪が降っても不思議ではなく、降雨の翌朝には路面が凍ることも珍しくない。

キレットの鞍部まではスリリングな道だが、黄金色に染まる草紅葉の何ともいいがたい植物群落を楽しみながら下れる。

キレット小屋を見送ると、ツルネまでは森の中を登り、やがて赤岳方面の展望に歓声をあげたくなるような開けた尾根道に変わる。

平坦路が続き、再び急登がはじまって旭岳(あさひだけ)直下で山頂を巻いて越える。続いて61段の源次ハシゴ(げんじ)、岩稜のクサリ場を登り、分岐に出る。権現岳(ごんげんだけ)はすぐ先だ。赤岳山群を望む展望地として、権現岳に勝る場所はない。絢爛豪華な錦絵が広がる山岳展望を心ゆくまで楽しもう。

権現岳は、明治初期までは薬師岳(やくしだけ)とよばれ、ギボシは阿弥陀岳(あみだだけ)、西ギボシは虚

上：見すごしそうな三ツ頭の山頂
左：キレット最初のハシゴを下りる

キレットの核心部。スラブ帯をハシゴで下る

空蔵岳とそれぞれ名づけられていた。そして、江戸時代から明治時代にかけては、編笠山、地蔵岳、西擬宝珠、西岳を前山とし、権現岳、三ツ頭、擬宝珠を奥ノ院とする壮大な修験道場が栄えていた。権現薬師如来を崇める山岳信仰の道場で、岳参りとして多くの信仰登山者で隆盛を極めていたという。今でも不動清水、金名水、銀名水、仏の胎内くぐり、賽ノ河原などの地名が残っていて、往時を偲ぶことができる。

さて、天女山を目指して下山しよう。山頂の南方基部に祀られる八雷神権現社

キレットの上部のみごとな草紅葉。左奥は赤岳

の前を通っていく。大岩をクサリで下り、ハイマツと砂礫の尾根を鞍部に下る。わずかに登り返し、三ツ頭までは平らな尾根道だ。

この下で右に小泉道を分けると、森の中の急下降がはじまる。黄葉の草原に出ると前三ツ頭のガレ地はすぐ先だ。さらにうっそうとした森に入り、ダケカンバの黄葉を見つつ急斜面を下る。

クマザサの道に変わり、斜度が落ちると道は広くなって、天ノ河原に着く。この下が駐車場のある天女山で、山頂から下ると車道に出る。交差点の脇に公衆電話があり、タクシーをよぶことができる。歩く場合は車道を甲斐大泉駅へ。

> **参考コースタイム** 赤岳（3時間45分）権現岳（50分）三ツ頭（2時間）天女山（1時間15分）甲斐大泉駅

権現岳南東下部の森林帯を三ツ岳付近から望む

6

MAP ② P8-9・① P6-7

赤岳鉱泉▶硫黄岳▶東天狗▶高見石▶縞枯山▶横岳▶蓼科山

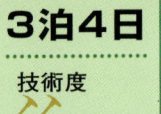

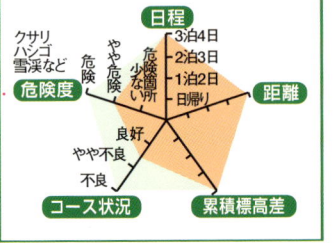

3泊4日

技術度 ▲▲
体力度 👣👣👣
危険度 ⚠⚠

（レーダーチャート：日程／距離／累積標高差／コース状況／危険度）

硫黄岳から北八ガ岳の山々をめぐり、蓼科山を踏む最長の縦走コース

第❶日＝美濃戸口〜美濃戸〜赤岳鉱泉
第❷日＝赤岳鉱泉〜硫黄岳〜夏沢峠〜
　　　　東天狗〜中山峠〜高見石
第❷日＝高見石〜麦草峠〜茶臼山〜
　　　　縞枯山〜雨池峠〜横岳〜双子池
第❷日＝双子池〜大河原峠〜将軍平〜
　　　　蓼科山〜蓼科山登山口〜親湯

● **歩行距離**
第1日＝7.0km
第2日＝9.5km
第3日＝10.5km
第4日＝11.5km
総　計＝38.5km

● **2万5000図**
八ヶ岳西部・蓼科・蓼科山・松原湖

● **標高差**
標高差＝1270m
（美濃戸口〜硫黄岳）
累積標高差
第1日＝＋767m
　　　　−36m
第2日＝＋993m
　　　　−954m
第3日＝＋777m
　　　　−993m
第4日＝＋688m
　　　　−1389m
総　計＝＋3225m
　　　　−3372m

参考コースタイム

第1日
JR中央本線茅野駅
🚌諏訪バス 45分
美濃戸口
🚶1時間10分
美濃戸
🚶2時間30分
赤岳鉱泉
第1日歩行時間 3時間40分

第2日
赤岳鉱泉
🚶2時間10分
硫黄岳
🚶45分
夏沢峠
🚶1時間
根石岳
🚶50分
東天狗
🚶50分
中山峠
🚶55分
中山展望台
🚶45分
高見石
第2日歩行時間 7時間15分

第3日
高見石
🚶25分
丸山
🚶45分
麦草峠
🚶20分
大石峠
🚶55分
茶臼山
🚶50分
縞枯山
🚶30分
雨池峠
🚶10分
縞枯山荘
🚶1時間10分
横岳南峰
🚶2時間30分
双子池
第3日歩行時間 7時間35分

第4日
双子池
🚶1時間
双子山
🚶25分
大河原峠
🚶1時間10分
将軍平
🚶50分
蓼科山
🚶1時間40分
蓼科山登山口
🚶1時間10分
ホテル親湯
🚶10分
親湯入口
🚌諏訪バス 37分
JR茅野駅
第4日歩行時間 6時間25分

北横岳北峰東側直下の稜線から俯瞰した七ツ池と北横岳ヒュッテ。左の山は雨池山、その右に縞枯山と南ハガ岳の赤岳山群が見えている

北ハガ岳

標高プロファイル:
- 美濃戸口 1490m
- 美濃戸 1690m
- 赤岳鉱泉 2220m
- 硫黄岳 2755m
- 夏沢峠 2430m
- 根石山荘 2555m
- 東天狗 2640m
- 中山峠 2415m
- 中山 2496m
- 高見石 2260m
- 丸山 2330m
- 麦草峠 2120m
- 茶臼山 2384m
- 縞枯山 2403m
- 雨池峠 2385m
- 北横岳ヒュッテ 2245m
- 北横岳 2480m
- 双子池 2040m
- 双子山 2224m
- 大河原峠 2085m
- 将軍平 2350m
- 蓼科山 2530m
- 蓼科山登山口 1720m
- 親湯バス停 1345m

距離: 0 – 37km

第1日 美濃戸口から赤岳鉱泉へ
MAP ❷P8-9

　JR中央本線茅野駅から諏訪バス美濃戸口行きに乗車し、終点で下車。八ガ岳山荘の北側から左の林道に入り、美濃戸まで歩く。*1 途中に、やまのこ村と赤岳山荘が建ち、車止めゲートのある美濃戸には美濃戸山荘が建つ。ここで水筒を満たし、右手に行者小屋方面への道を分け、赤岳鉱泉方面への林道に入って進む。

　林道の終点から橋を渡り、北沢の左岸に沿う登山道を緩やかに登る。8月も後半になると、マルバダケブキやトリカブト類、ミヤマシシウドなど、大型の花が目立ち、水量が7月よりもわずかに少ない北沢の渓流に耳を傾けて歩く。旧盆をすぎるとセミの声も少なくなる。

　橋を何回も渡り返し、横岳大同心、小同心の岩峰が近づくと赤岳鉱泉だ。

第2日 硫黄岳、東天狗を経て高見石へ
MAP ❷P8-9・❶P6-7

　本日の行程は登下降の差が多く、長丁場になるので、朝食は山荘で弁当を作ってもらうなどして、赤岳鉱泉をできるだけ早く出発しよう。*2

赤岳鉱泉から望む大同心の岩峰。シルエットの岩峰が、経文を唱える坊さんに見える

上…箕冠山の山頂付近の霧に煙る針葉樹林
左…夏沢峠の十字路分岐点

　東方へ一段上がり、森の中の冷気を頬に感じながら北へ進む。ジョーゴ沢を丸木橋で渡ると、登りが待っている。何度もジグザグをきって高度を上げ、金属製の階段を登ると、クサリのつけられた岩稜があり、その上はますます急になる。

　樹相が気持ちのよいダケカンバ林になると、赤岩ノ頭の分岐は近い。展望がきくようになると、硫黄岳が目前に迫る砂礫の広場に出る。指導標が立ち、周囲は森林限界を越え、ハイマツと高山植物に覆われている。冬期は季節風がめっぽう強いところなのか、ハイマツの枯れ木が目立つ。初夏はハクサンシャクナゲの花が夏の到来を告げ、9月に入ると草紅葉がいち早く秋の訪れを予感させる場所でもある。

　硫黄岳へは、砂礫の道を踏んで溶岩がゴロつく岩道を登る。山頂は広く平らで、北八ガ岳の峰々が蓼科山までのびていく様相が眺望できる。南下する主稜を背に、夏沢峠に向かって下降する。

　爆裂火口壁を右下に見ながら大きなケ

ルンを見送ると斜度は落ち、細かくジグザグをきるようになると、夏沢峠が近くに見える。右に本沢温泉からの道が合流し、ヒュッテ夏沢とやまびこ荘の間を通って、夏沢コースを左から合わせる。

鬱蒼としたシラビソやコメツガの森の中を登り、左に曲がると平坦路になって、ダケカンバ林に変わる。少し先で、オーレン小屋からの道を左から合わせると箕冠山。ここで右に折れ、いっきに下って、根石山荘の建つ砂礫の開けた鞍部に出る。7月にはみごとなコマクサの株が広がるお花畑を左に見て、根石岳に登り返す。ここで天狗岳の双耳峰を眼前に見つつ、ハイマツの道を鞍部まで下る。砂礫の広場から再び登りがはじまり、ガレ道の急登にひと汗かき、桟橋とクサリを越えると東天狗の山頂である。

振り返ると爆裂火口が生々しい硫黄岳と根石岳、その背後に赤岳、阿弥陀岳の穂先が望める。西には豊かなハイマツに覆われた西天狗が、行く手の右には険崖の天狗岩と稲子岳、そしてみどり池が深い森の中に小さく見える。正面にはのびやかな火山台地がはるか彼方まで開け、南八ガ岳の山頂から眺める光景とはひと味違う風景が展開する。週末ともなると、かなりの数の登山者が、山頂でのんびりと時間をすごしている。弁当をほおばる人、カメラをのぞく人、石を枕に昼寝する人、井戸端会議に夢中の集団、みなそ

根石岳から望む東天狗岳。右肩に稲子岳が見える

コース・プランニング

夏沢峠から北八ガ岳を全山縦走するコースだが、交通手段を考慮し、美濃戸口を起点にした。まず南八ガ岳最北端の硫黄岳に登り、北八ガ岳を眺望する。そこから蓼科山まで北上する長大なコースだ。エスケープ道は万全である。
●季節　連日ハードな山歩きが続くので、天候が安定する雨期が終わっての1週間と、8月中旬～9月中旬がおすすめ。大気が涼やかで歩きやすい。
●服装　Tシャツ、トレッキングシューズ、長袖シャツ、防寒着、レインウェア、帽子、手袋、下着類の予備。
●必携用具　水筒、地図、ヘッドライト、ストック、バンダナ、サングラス、手ぬぐい、マフラー、ザックカバー。

交通機関・山小屋問合せ

諏訪バス☎0266-57-3000、アルピコタクシー☎0266-71-1181、第一交通タクシー☎0266-72-4161、中山タクシー☎0266-72-7181
赤岳鉱泉☎0266-72-3939、ヒュッテ夏沢☎0266-58-7220、山びこ荘☎0266-72-3260、オーレン小屋☎0266-72-1279、黒百合ヒュッテ☎090-2533-0620、根石山荘☎090-4158-4544、高見石小屋☎0467-87-0549、麦草ヒュッテ☎0266-67-2990、縞枯山荘☎0266-67-5100、北横岳ヒュッテ☎090-3140-9702、双子池ヒュッテ☎0267-88-4566、大河原ヒュッテ☎090-3558-5225、蓼科山荘☎0266-72-3613、蓼科山頂ヒュッテ☎0492-66-9264、女乃神茶屋☎0266-67-3717

石置き屋根の根石山荘

周囲に映える縞枯山荘

テラスがある高見石小屋

新築された双子池ヒュッテ

赤岳鉱泉〜硫黄岳〜東天狗〜高見石〜縞枯山〜横岳〜蓼科山

東天狗の山頂。登山者はそれぞれお気に入りの石に腰掛けて休憩する。時の経つのを忘れる

中山展望台は、ハイマツとコメツガの岩原帯。

れぞれに、頂をかすめる風に抱かれて至福の刻をすごしている。

さて、中山峠に下ろう。天狗岩の左を通り、岩道を登下降して分岐に出る。左に黒百合平へのコースを分けて直進する。岩が折り重なるところ、ハイマツの砂礫地を通り、針葉樹の森に入ると中山峠だ。右にみどり池、左に黒百合平の道が分かれ、歩きにくい主稜を行く。

わずかに急登すると天狗岳方面の展望が得られる崖の上に出る。ここから緩やかな尾根歩きがはじまり、ニュウへの道を右に分けると、中山山頂を経て、中山展望台に飛び出る。広大な岩礫地で、周辺にはハクサンシャクナゲが多い。ここも眺望と休憩に最適な場所。特に天狗岳の双耳峰が圧巻で、遠く北アルプスや中央アルプス、諏訪盆地も望める。

高見石まではゆっくり歩いて50分。深い針葉樹の中を、直線的に下りが続き、鞍部から少し登り返すと高見石小屋の前に着く。小屋の裏手が高見石だ。

第3日 麦草峠、縞枯山、横岳を経て双子池へ
MAP ①P6-7

高見石からは、白駒池へ下る道を東に分け、主稜を西へと入ると白駒分岐で、左に渋ノ湯、右に白駒池への道を分けて直進する。丸山までは南北に登りが続く。下りにかかると岩がゴツゴツした道や、ザレ、木の根が張り出したところもあり、少々難儀をする。

小さな頂をすぎると、広大な草原の麦草峠である。麦草ヒュッテを見送り、国道299号線を突っきり、右に茶水池を見て雨池方面への道を分ける。岩が散在する樹林の中を進み、大石峠で五辻への道を左に分ける。緩やかな登りになって林の中を抜けると、岩が累積する中小場の展望台に出る。前方に茶臼山、振り返ると南八ガ岳の峰や麦草峠が望める。

茶臼山へは、きつい登りが続き、ほぼ一直線に高度を稼ぐ。マイペースで登ることがポイントだ。茶臼山山頂は展望はなく、左に入ったところに展望台があ

露岩が重なる高見石。後方の山は丸山

展望が抜群で、周囲はハクサンシャクナゲが多い

アドバイス／Q&A

*1 本コースは3泊4日と長丁場になるので、ストックがあると随分足への負担が軽減される。ぜひ持参しよう。

*2 赤岳鉱泉から先は水の確保が困難なので、ここで充分に汲んでいこう。

*3 東天狗から中山峠に向かう途中の分岐を左に行くと、摺鉢池を通って黒百合平に直接下れる。小屋で休憩する人は、このコースを行き、黒百合ヒュッテから中山峠に出る。所要時間は約20分ほど余分にかかるだけ。

*4 高見石小屋は若いスタッフがそろい、ファンも多い。食事に出るイワナの燻製は絶品。

*5 麦草峠のシンボル、麦草ヒュッテは、優美な形をした山荘。山荘の駐車場にバス停があり、諏訪側と佐久側に、それぞれバス運行がある。山荘の脇には清冽な清水が湧いている。水筒を満たしておこう。

ハクサンシャクナゲ

実の付くシラビソ

る。縞枯山南面を望むことができ、国内有数の縞枯れ現象が見られる。

主稜にもどって北上。鞍部へ下り、シラビソの立ち枯れの中を登ると、右に展望のよい場所がある。来し方の眺めがすばらしい露岩の頂で、写真を撮る適地でもある。

立ち枯れの針葉樹の中を進み、縞枯山山頂を右に曲がって、再び急下降をはじめる。路面は荒れ、降雨のあとは苦労する区間だ。やがて雨池峠に下り着く。

右の雨池への道、直進の三ツ岳方面への道を分け、左にコースをとり、ムギクサの草原を進むと縞枯山荘の前に出る。コーヒーがおいしいと評判の山荘。時間をとって賞味していこう。

木道を進み、坪庭へ一段右に上がって溶岩台地の遊歩道を北へ歩く。左にピラタスロープウェイ山頂駅、南アルプス連峰が見える。指導標に導かれ、北横岳方面に折れると登りになる。登りきった分岐は、三ツ岳からの道が右から合流する。この上が北横岳ヒュッテで、七ツ池が右下にある。

北横岳へはわずかの登りで立てる。山頂は2つの頂からなり、南峰と北峰が並ぶ。どちらも展望はよい。蓼科山がぐっと近くに見え、来し方の南八ガ岳はだいぶ遠くになっている。

北峰を踏み、双子池を目指す。下りにかかり、右下を俯瞰すると七ツ池が深い森に囲まれて優美だ。ところどころ、展望のきく開けた場所があるものの、針葉樹の中を行く。大岳への指導板が立つ地点からは、いっきに天狗ノ露地まで下降が続く。足場の悪い区間が長い。下りきると天狗ノ露地。平坦路もつかの間、再び双子池まで急下降が続く。右に雄池を見て双子池ヒュッテに下り着く。

赤岳鉱泉〜硫黄岳〜東天狗〜高見石〜縞枯山〜横岳〜蓼科山

6

高見石から俯瞰した白駒池。深い針葉樹の森とダケカンバの林に囲まれた神秘的な湖。八ガ岳では最大。高見石から白駒池に下り、半周して麦草峠に出る手もある。登りがなく本コースよりも時間は短い

第4日 大河原峠、蓼科山から蓼科高原へ
MAP ①P6-7

　双子池は南に雄池が、北に雌池がそれぞれ青く澄んだ湖水をたたえている。双子池ヒュッテからは、カラマツ林を双子山目指して登る。双子山はのびやかな丘という感じで、霧が出たりすると迷いやすい。そんな時は路端のロープを追って歩こう。北稜を下ると大河原峠（おおがわらとうげ）で、駐車場の前に大河原ヒュッテが建っている。

　大河原ヒュッテの北方から蓼科山へのルートがのびる。これを入って、緩やかに登り、縞枯れが目立つ林を下りぎみに進むと十字路の分岐、将軍平（しょうぐんだいら）に着く。右へ蓼科山7合目登山口、左へ天祥寺原（てんしょうじはら）の道が分かれ、蓼科山荘の前を直進する。

　すぐ悪場の急登がはじまり、森林限界を越えると、岩がゴツゴツした斜面が現れ、左へ巻きこんで蓼科山頂ヒュッテの前を抜けると、蓼科山山頂である。

　山頂からの展望は北横岳と優劣を競う。南端からは南八ガ岳が一望でき、まるで一幅の絵を見るようだ。山頂は広大な岩原で、そのほぼ真ん中に蓼科神社奥ノ院（おく　いん）の祠と鳥居が建ち、北方にわずかばかり植物群落が見られる。アオノツガザクラ、コケモモ、コイワカガミなどだ。

　下山は山頂部の南端から西方へ岩礫の道を下る。縞枯れの樹林帯までは急下降が続く。いったん平地に出て、再び急な下り坂が続く。2度目の平坦地をすぎると、クマザサの茂る下り坂になって、しだいに斜度は緩やかになる。大きなダケカンバを右に見ると、そのすぐ下が蓼科山登山口バス停である。

麦草峠に下り立った分岐。茶臼山方面、白駒池方面に分かれる。ここは麦草ヒュッテ方面へ

蓼科山の山頂南端からは南八ガ岳の全貌が見わたせる。右下には横岳ロープウェイの起点駅も俯瞰できる

親湯へは女乃神茶屋の南側に入り、遊歩道を進む。竜源橋からの道を合わせ、滝ノ湯川を渡ると親湯。その先が親湯入口バス停となる。*7

双子池の雄池。背後に大岳がのぞいている

蓼科山の山頂は広大な岩原。中央部には蓼科山神社奥ノ院の祠と鳥居が建つ

アドバイス／Q&A

Q 大岳山頂からの展望は？
A 北横岳から天狗ノ露地に向かう途中の分岐を右に10分ほど入る。巨岩が累積した山頂からは、東に雨池、西に北横岳、南に北八ガ岳の峰々、北に双子池が視界に入る。北西には蓼科山も望むことができ、展望に優れた山頂だ。

Q 大河原峠まで車で上がれるか？
A 有料道路の「夢ノ平林道」を通れば上がれる。大河原ヒュッテの前に駐車場がある。

*6 縞枯山荘はピラタスロープウェイ山頂駅から10分ほどにある三角形の山小屋らしい形状の山荘。ファミリーで切り盛りする家族的な雰囲気が好評。遠方からわざわざコーヒーを飲みに来る人もいる。

縞枯山荘の主人・嶋義明さん

*7 プール平バス停の西に入ったところにプール平公衆浴場がある。9:00～20:30。無休。

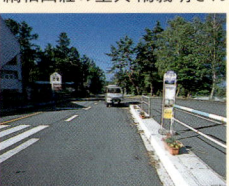

プール平のバス停。

93

7

MAP 2 P8-9

唐沢鉱泉 ▶ 天狗岳 ▶ 黒百合平

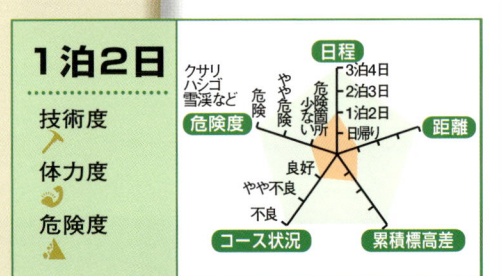

1泊2日

技術度
体力度
危険度

登山適期

天下の名湯、唐沢鉱泉に宿泊し、西天狗、東天狗をめぐって周遊する静かなコース。

第❶日＝唐沢鉱泉泊
第❷日＝唐沢鉱泉～西尾根～西天狗～
　　　　東天狗～黒百合平～唐沢鉱泉

● 歩行距離
第1日＝ 0km
第2日＝ 8.0km
総　計＝ 8.0km

● 標高差
標高差＝ 781m
（唐沢鉱泉～西天狗）
累積標高差
第1日＝ ──
第2日＝ ＋880m
　　　　－880m
総　計＝ ＋880m
　　　　－880m

● 2万5000図
蓼科

参考コースタイム

第1日
JR中央本線
茅野駅
　タクシー
　35分
唐沢鉱泉

第2日
唐沢鉱泉
　1時間10分
西尾根
　50分
第一展望台
　30分
第二展望台
　50分
西天狗
　20分
東天狗
　55分
黒百合平
　35分
渋ノ湯分岐
　55分
唐沢鉱泉
　タクシー
　30分
JR茅野駅

第2日歩行時間
6時間5分

コース・プランニング

本コースは、他のコースと合体することでさまざまなバリエーションが組める。たとえば唐沢鉱泉に宿泊し、天狗岳から南八ガ岳を南下、最南端の編笠山から下山する。さらには天狗岳から北八ガ岳を蓼科山まで北上するなどだ。また天狗岳から中山峠まで北上し、みどり池経由で稲子湯に下山するのも一考。

●季節　雪解けが早い天狗岳の西尾根を登るコースなので、夏の早い時期から登山適期となり、花も他の場所より早く咲く。

●服装　Tシャツ、トレッキングシューズ、長袖シャツ、レインウェア、帽子、手袋、着替え用の下着類。8月下旬以降は防寒着も必要。

●必携用具　水筒、地図、携帯性のよい高山植物図鑑、ヘッドライト、ストック、バンダナ、サングラス、手ぬぐい、ナイロン袋、ザックカバー。

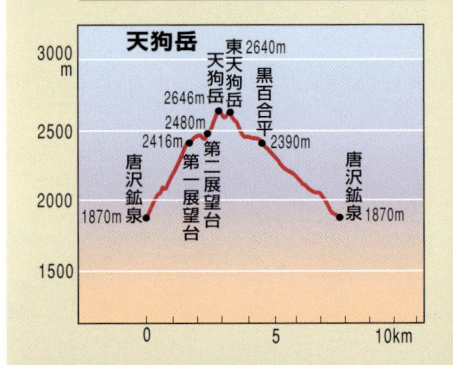

天狗岳
東天狗岳 2640m
天狗岳 2646m
黒百合平 2480m
第二展望台 2416m
第一展望台 2390m
唐沢鉱泉 1870m
唐沢鉱泉 1870m

西天狗の東端から東天狗を望む。枯れたハイマツに寄り添うように黄色い花が咲いている

第1日　車で唐沢鉱泉に入山
MAP ②P8-9

　唐沢鉱泉へは、宿泊の予約者に限り、JR茅野駅から午後1時と4時の送迎バスが利用できる。公営バスの利用は、茅野駅から渋ノ湯行きに乗り、終点で下車。渋ノ湯〜唐沢鉱泉間は徒歩約50分。

　マイカーの場合は、中央自動車道を諏訪ICで下車し、国道152号線に入り、茅野市の途中から尖石遺跡方面に入る。舗装が切れ、桜平方面との分岐に出て、唐沢鉱泉方面へ直進する。諏訪ICから約15km。

第2日　天狗岳、黒百合平を回り唐沢鉱泉へ
MAP ②P8-9

　唐沢鉱泉の玄関を出て左に、唐沢の上

交通機関・山小屋問合せ

🚕 アルピコタクシー☎0266-71-1181、第一交通タクシー☎0266-72-4161、中山タクシー☎0266-72-7181
🏠 唐沢鉱泉☎0266-76-2525、黒百合ヒュッテ☎090-2533-0620

西尾根登山口の駐車場

山間の温泉宿、唐沢鉱泉

黒百合ヒュッテ

通年営業の黒百合ヒュッテでは、冬の準備にいそしむスタッフの姿が見られた

7 唐沢鉱泉〜天狗岳〜黒百合平

西尾根分岐ですれ違う登山者。西天狗へはここを左に折れて、西尾根を本格的に登る

第二展望台。ここからは西天狗のほぼ全貌が見わたせる。いったん鞍部に下り、登り返す

西天狗山頂の平地。三角点と指導標が立つ静かな頂からは、東天狗が眼前に見える

東天狗から黒百合平の中間点。ここで急下降は終わり、岩原をのんびり進む

流へわずかに進んだ地点が西尾根登山口。しゃくなげ橋と書かれた黒く塗られた金属製の板床橋を渡る。唐沢の左岸を5分ほど上がって、右手の山腹に取り付く。原生林の中を大きく蛇行しながら登るが、木の根が張り出したところや、溶岩がゴツゴツした路面が多い。一歩一歩考えて、確実に足場を取って登ろう。

いろいろな小鳥のさえずりが耳に響き、気持ちもさわやかになる。木を切り倒して樹間が開けた場所が3カ所出てきて、枯尾ノ峰からの道に合流する。ここからは西尾根の登りとなる。左に折れ、尾根上の急斜面の登りが連続する辛い区間が続く。「第一展望台まで10分」の標示板が道端に見えると元気が出る。ほどなく第一展望台に着く。

ここは、以前、私が訪れた時、登山グループの人からナシと温かい紅茶をいただいたことがある。山とは不思議なところだ。たとえ初対面の人でも、ごく自然にあいさつを交わし、隣り合わせの人と、食料や飲み物を分かち合う。お互いを讃え合い、情報を交換する。そして、

第一展望台で憩う登山者。西天狗の頭がわずかに見える。風が涼やかで休憩には最適

摺鉢池を背に黒百合平へ下る登山者。山小屋は黒百合ヒュッテ。ヒュッテの前を左へ進むと唐沢鉱泉に戻れる。右の道は中山峠へとのびている。周辺はミヤマクロユリなどが咲く高山のお花畑が広がる

それが縁になり、生涯の友人同士に発展することだって珍しくない。山には、現代人が忘れかけてしまった大切な何かが残っていると思えてならない。

再び樹林に入って、わずかに下って登り返し、第二展望台に出る。この展望台からは、西天狗が眼前に迫り、根石岳、硫黄岳、赤岳、阿弥陀岳なども見える。

5分ほど歩いて、鞍部にいったん下り、森林帯から溶岩の斜面を登り返すと、西天狗の山頂だ。東天狗のにぎわいとは反対に、静かな小広い平坦な頂である。南側に石仏や石碑、三角点があり、南八ガ岳の展望がすばらしい。

東天狗へは鞍部へ下りて登り返す。展望は東西どちらも大差はない。東天狗からは、主稜を北へ下る。途中の分岐を左に折れる。右のコースは中山峠への道。溶岩がゴロゴロした中を、赤いペンキを目印に追う。緩やかな登りにかかり、右に曲がりはじめると、右手に摺鉢池と、その上に天狗岳の双峰が望める。左に急斜面をいっきに下ると黒百合ヒュッテ。指導標を確認し、唐沢鉱泉へは左に折れて下る。途中の分岐で、右へ渋ノ湯コースを分けると、あとは一本道だ。唐沢に下り立つと唐沢鉱泉は近い。

黒百合平から約35分下った分岐。右の渋ノ湯への道を分け、左に入ると唐沢鉱泉まで一本道。

アドバイス／Q&A

*1 マイカーの駐車場は、唐沢鉱泉の手前、車道の脇のスペースを利用する。駐車可能台数は約20台。
*2 天狗岳へは、渋ノ湯から入山して黒百合平経由の人が圧倒的に多い。したがって、本コースを利用する登山者は少ないので、静かな山旅を好む人にはうってつけのコース。山の自然を存分に満喫してほしい。

Q 黒百合平にはどんな花が咲くか？
A コイワカガミ、ミヤマクロユリ、ミヤマバイケイソウ、ソバナ、コバギボウシ、ムカゴトラノオ、ミヤマアキノキリンソウ、ミヤママツムシソウ、オヤマリンドウなどが咲く。

Q ミヤマクロユリの開花期は？
A 6月下旬〜7月中旬と、わりと早め。8月に入ると秋の花が咲く。

8

MAP 2 P8-9 1 P6-7

稲子湯▶本沢温泉▶夏沢峠▶東天狗▶にゅう▶白駒池▶麦草峠

1泊2日

- 技術度
- 体力度
- 危険度

（レーダーチャート：日程、距離、累積標高差、コース状況、危険度／クサリハシゴ雪渓など）

神秘的なみどり池、日本最高所の露天風呂、展望のにゅうをめぐる

第❶日＝稲子湯〜みどり池〜本沢温泉
第❷日＝本沢温泉〜夏沢峠〜東天狗〜
　　　　中山峠〜にゅう〜白駒池〜麦草峠

● 歩行距離
第1日＝6.0km
第2日＝10.0km
総　計＝16.0km

● 標高差
標高差＝1140m
（稲子湯〜東天狗）
累積標高差
第1日＝＋756m
　　　　−151m
第2日＝＋813m
　　　　−798m
総　計＝＋1569m
　　　　−949m

● 2万5000図
松原湖
蓼科

参考コースタイム

第1日
- JR小海線小海駅
- 🚌 小海町営バス 10分
- 松原湖駅南口
- 🚌 同バス 25分
- 稲子湯
- 🥾 40分
- 屏風橋
- 🥾 40分
- 駒鳥沢の水場
- 🥾 40分
- みどり池
- 🥾 1時間10分
- 湯川左岸の車道
- 🥾 10分
- 本沢温泉

第1日歩行時間 3時間20分

第2日
- 本沢温泉
- 🥾 1時間15分
- 夏沢峠
- 🥾 1時間50分
- 東天狗
- 🥾 50分
- 中山峠
- 🥾 1時間10分
- にゅう
- 🥾 1時間
- 白駒池
- 🥾 40分
- 麦草峠
- 🚌 諏訪バス 1時間4分
- JR中央本線茅野駅

第2日歩行時間 6時間45分

コース・プランニング

稲子湯から入山し、硫黄岳直下の秘湯・本沢温泉に出て、主脈から外れたおすすめの展望台に登り、麦草峠に下る。もちろん神秘的なみどり池も楽しみ。

● 季節　梅雨が終わった7月から8月上旬が池の水量が豊かで優美。紅葉期もおすすめ。

● 服装　長ズボン、Tシャツ、トレッキングシューズ、長袖シャツ、レインウェア、帽子、軍手など。

● 必携用具　水筒、地図、ヘッドライト、ストック、バンダナ、サングラス、手ぬぐい、カメラ、フイルム、ナイロン袋、ザックカバー。

みどり池からは、緑色の林の向こうに天狗岳が悠然とそびえる。撮影時、池の水はあいにく少なかったが、それでも水辺の風景は美しかった

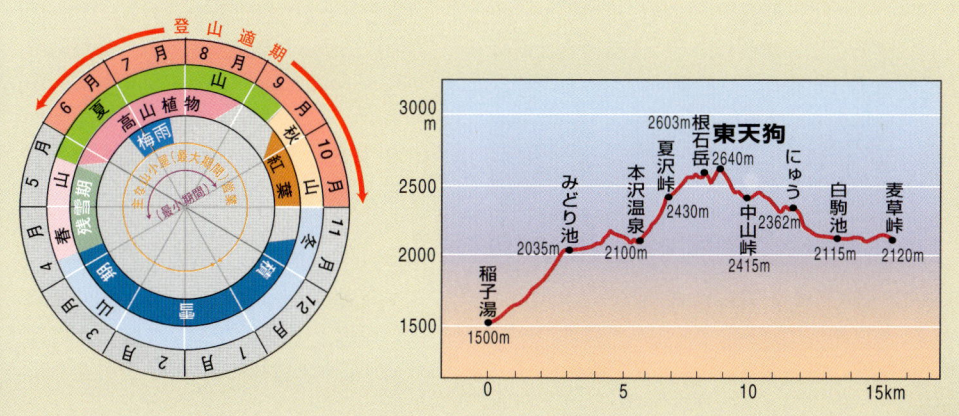

登山適期

高山植物
紅葉

みどり池 2035m
本沢温泉 2100m
夏沢峠 2430m
根石岳 2603m
東天狗 2640m
中山峠 2415m
にゅう 2362m
白駒池 2115m
麦草峠 2120m
稲子湯 1500m

99

第1日　稲子湯から本沢温泉へ
MAP ❷P8-9

　JR小海線松原湖駅から小海町営バスに乗り、稲子湯バス停で下車。稲子湯の前を左へ進み、稲子湯の西側から登山道に入る。不動尊のお堂を見送り、その先で林道を横切る。カラマツ林の登山道、林道と繰り返していくと、みどり池バス停だ。バスの通る道を右に分け、左の林道に入ると車止めゲートがあり、唐沢橋を渡る。すぐに林道と別れ、右の登山道に入る。先で林道に2度出合うが、指導標があるので迷うことはない。

　林道を分けて、左へ駒鳥沢を渡ると、みどり池までは一本道。苔むした岩間を美しい清流が流れる駒鳥沢に沿って左岸を行く。

　登るほどに斜度は増すが、たいしたことはない。途中から広がるカラマツ林の様相がすばらしい。林床をシダが覆いつくし、何とも形容しがたい美林である。八ガ岳の山域の中では珍しい風景なので、カメラを持参した人は写していこう。左手の駒鳥沢の苔むした佳景も、小ぢんまりした風景ながら、見る人を感動させる渓流の風情がある。せせらぎの音も耳に心地よい。

　やがて、駒鳥沢の支流に出て、左に曲がると広い場所に出る。支流の水は直接飲むことができ、冷たくておいしい。こ

しらびそ小屋。薪を燃やす煙が山小屋の雰囲気を醸し出す。新館は後方に建っている

こは休憩地として利用しよう。

　ひと休みしたら出発。これまでの遊歩道を歩くような心地よい登りとは異なり、登山道らしい本格的な登りがはじまる。斜度が落ちると、再び遊歩道に準じた道となって、しらびそ小屋に着く。右側にウッディな雰囲気の新館が建ち、2匹の犬がしっぽを振って迎えてくれる。みどり池南畔には従来の小屋がいまも変わらぬ姿で建っていて、喫茶と食事ができる。

　本項では、翌日の所要時間を考えて本沢温泉泊と設定した。しかし佳景寂寞として、みどり池の小動物や小鳥と一体化した、丸ごとの自然が満喫できる湖畔の山小屋に、ぜひ一度は泊まってみよう。

　みどり池からは、池を右回りに中山峠方面に向かって軌道跡を進み、分岐に出て左へ、本沢温泉へのコースをとる。歩きやすい平坦路から、時々ガレが現れて尾根への登りにかかると、山腹を蛇行するようになる。尾根をやりすごすと、下りがちの道となって、クマザサの中を湯川沿いの本沢温泉への車道まで下る。

　下り着いたところは、丁字型の分岐点。車道といっても本沢温泉の専用道で、一般車は通行できない。分岐を右に

稲子湯バス停。正面の建物前に登山者カードを投入する箱がある。登山道は左へ進む

折れ、5分ほど行くとキャンプ指定地。その先が坂道となって湯元本沢温泉の前に着く。日本を代表する秘湯のひとつに数えられる湯宿。ゆっくり汗を流そう。

第2日　東天狗、にゅうを経て白駒池、麦草峠へ
MAP ❷P8-9・❶P6-7

　本沢温泉で水筒を満たしたら出発。硫黄岳の爆裂火口壁を前方に眺めながら、カラマツ林の中を登る。左下の湯川の川辺に本沢温泉名物の露天風呂が見え、砂礫の広場をすぎると、針葉樹の中に入る。うっそうとした森の山腹を、ジグザグにきって高度を上げる。やがて左方向へトラバース気味に進むようになると、道は細くなって、周囲に花が目立つようになる。ダケカンバが混生するようになると夏沢峠は近い。

　稜線に出て、山びこ荘、ヒュッテ夏沢の間を抜け、左にオーレン小屋方面の夏沢コースを分ける。針葉樹の中の主稜を北上し、登り着くと箕冠山。ここは分岐で、左からオーレン小屋からの直登路を

本沢温泉名物の露店風呂。硫黄岳の爆裂火口壁を見ながら硫黄泉の湯に浸かる登山者

交通機関・山小屋問合せ

🚌 小海町営バス☎0267-92-2525、諏訪バス☎0266-57-3000、千曲バス☎0267-62-0081
🏠 稲子湯旅館☎0267-93-2262、しらびそ小屋☎0267-96-2165、湯元本沢温泉☎090-3140-7312（連絡先☎0266-72-3260）、ヒュッテ夏沢☎0266-58-7220、山びこ荘☎0266-72-3260、根石山荘☎090-4158-4544、青苔荘☎090-1423-2725（連絡先☎0267-88-2082）、白駒荘☎090-1549-0605、麦草ヒュッテ☎0266-67-2990

唐沢橋と車止めゲート

湯元本沢温泉。左は売店

白駒池の北畔に建つ青苔荘

アドバイス／Q&A

*1 小海町営バスは、小海駅から稲子湯を結ぶが、その先のみどり池バス停も通る。したがって、みどり池バス停までバスを利用した方が便利。ここまではマイカーも入ることができ、駐車場もある。駐車可能台数は16台。

*2 みどり池までの登山道には、かつて使われた木材搬出用の軌道跡が随所に残っていて、斜度は緩やかだ。

*3 みどり池の湖畔に建つしらびそ小屋は、食事と喫茶が好評。おすすめのメニューは信州ソバで、コシがあって汁の香りが抜群。いっしょに出るフキ味噌とキュウリは絶品。夏期限定のレアチーズケーキ、かき氷も定評がある。

しらびそ小屋の主人・今井行雄さん

にゅう山頂は、最も北八ガ岳の魅力を現す風景が見られる代表的な展望台

稲子湯～本沢温泉～夏沢峠～東天狗～にゅう～白駒池～麦草峠

合わせ、右に下る。展望が開け、根石岳へと続く踏跡が真っすぐにのびる。左に根石山荘が建ち、その前にコマクサのお花畑が広がっている。中には白花も混ざっているという。まるで海岸のような砂礫の中を根石岳へと登るが、距離は短かい。山頂に立つと、いきなり天狗岳の双耳峰が目に飛びこむ。天狗岳は2つのピークからなり、西峰はハイマツが豊かで、緑色に覆われた青天狗、東峰は溶岩が山肌を覆いつくし、赤天狗とよばれる。

根石岳からは東寄りに向きを変え、鞍部まで下る。広々とした砂礫帯で、本沢温泉に下る白砂新道を合わせ、再び登り

にゅう山頂を目指す登山者。あとひと登りだ

がはじまる。岩礫の急登から岩尾根に変わり、やせ尾根を桟橋とクサリで登り越えると東天狗山頂だ。*7

振り返ると硫黄岳が、赤岳、阿弥陀岳を背後に抱えてどっしりと座り、根石岳も見える。東側に目を移すと、みどり池が深い森の中に小さく望める。正面には中山が緩やかな丘状台地を広げている。

コースの後半は、まず中山峠まで下る。岩峰の左を通り、分岐を右に入って、岩がゴロゴロしたハイマツ帯から針葉樹の森に下る。中山峠では、右にみどり池、左に黒百合平の道が分かれる。ここは直進して主稜を行く。右に急登すると展望のテラス。天狗岳と、みどり池方面の眺めがよい。

尾根を緩やかに進むと、ほどなく主稜を分けるにゅうへの分岐。右に道をとると、木の根が張り出したり、ガレ場があったりと悪路が続き、にゅうの肩に着く。基部から2分ほど登ると頂上だ。

露岩の頂からは、深い緑の樹海の中に満々と水をたたえた白駒池が望め、火山台地特有の、たおやかな山稜、そして丘

状大地が展開する。北八ガ岳を代表する風景が広がり、見あきることはない。

　山頂から鞍部に下り、先ほど来た道を左に分け、右へ白駒池へ下る。針葉樹が岩の上に乗っかり、根が岩を抱えるような形で点在する林の間を縫って進む。傾斜のきついところもあり、歩きにくい。

　稲子湯との分岐に出る付近から路面がしっかりするが、それもつかの間、岩と岩を飛び越えながら下るところが長い。

　再び右へ稲子湯への道を分ける分岐に出ると、道は平らとなる。地表を一面に緑色の苔が覆う、白駒池周辺特有の森が広がる。湿原を木道で越えると、白駒池の丁字路。左右の道は池を周遊する遊歩道で、どちらを行っても麦草峠までの距離は変わりない。青苔荘経由の右に入り、木道を行く。やがてキャンプ指定地を見て青苔荘の前に出る。

アドバイス／Q&A

本沢温泉主人・原田雅文さん

＊4　本沢温泉は明治15年開湯。戦前までは、馬の背や、馬車で資材を運んだという。

＊5　本沢温泉からは硫黄岳が眼前に望めるので、先を急ぎがち。しかし、この先の行程はまだまだ長いので、夏沢峠まではのんびり歩こう。

＊6　本沢温泉を通過して夏沢峠にいたる道は、昭和13年に小海線が開通する以前、佐久から諏訪に抜ける近道として、八ガ岳を往還する人が絶えなかったという。そんな歴史ある古道である。

＊7　天狗岳は、どこから登っても手軽に登れ、しかも北八ガ岳の中ではもっとも岩城らしい風貌をもっているので、登山者に人気が高い。登山シーズン中は、山頂で憩う登山者が途絶えることはない。

▲ みどり池と白駒池 ▲

みどり池　北八ガ岳の中山峠東側、稲子岳の東方直下に位置する小さな池。付近は標高2000mほどの高地高原で、西側は山に囲まれている。周囲は針葉樹の森がみごとに発達しているものの、背丈はさほど高くなく、みどり池西側の背後には稲子岳が、南西側背後には天狗岳が秀峰をのぞかせている。天狗岳は東天狗の東側が爆裂火口壁となって、垂直に近い岩壁が展開。池と森と岩壁という優美な景観が必見の見どころ。

みどり池の北畔、しらびそ小屋の横から、湖面に映える天狗岳を背景に、秋色に染まるみどり池

白駒池　北八ガ岳の丸山東方に位置する池。標高2115m、面積0.114平方km、直径510m、深度8.6m。針葉樹林のみごとな樹海に囲まれた静寂神秘な白駒池は、白駒池東方溶岩と丸山溶岩とに囲まれた窪地に水が貯まって出現したものと考えられている。八ガ岳火山列の湖沼中、最大の面積を有す。氷結が早いので、かつてのスケート選手は、滑走可能になると登って来て、この池で練習に励んだという。水中には、オオヒルムヒロ、ホソバタマリクリが群生している。

青空に映える夏の白駒池。西側のあずまやから水草とコメツガを前景に湖をとらえている

稲子湯〜本沢温泉〜夏沢峠〜東天狗〜にゅう〜白駒池〜麦草峠

青空に印象的な雲がわく典型的な夏の白駒池。ボート遊びの観光客、回りを周回するハイカー、登山を終えた登山者など、みなこの風景を楽しむ

アドバイス／Q&A

Q にゅうから稲子湯へ戻る道は？
A にゅうから白駒池方面に下り、最初の稲子湯への分岐を指導標にしたがって右折する。下ると十字路に出て、左の白駒池への道、直進する白樺尾根を分け、右に折れる。通称石楠花尾根とよばれる急下降路を下り、林道に一度出て、登山道に再び入ると、みどり池バス停の駐車場に戻り着く。

Q 麦草峠からの公営交通機関は？
A ＪＲ小海線の八千穂駅を利用する場合と、ＪＲ中央本線茅野駅を利用する場合とでは、路線がまったく異なる。八千穂駅へ出るには千曲バスを、茅野駅に出るには諏訪バスを利用する。麦草峠から東と西へそれぞれバスが運行しているからだ。

Q 下山後の温泉施設は？
A 諏訪側に、茅野駅と隣接する上諏訪駅と下諏訪駅周辺に温泉街があり、源泉を引き湯したホテルや旅館が数多く、日帰り温泉施設もある。

麦草峠のバス停

観光シーズン中は、ボートを貸してくれるので、時間があれば白駒池の湖上から周辺の山々を眺めてみよう。

フィナーレは麦草峠を目指す。わずかに登ると左から遊歩道が合流する。左は、あずまやと白駒荘方面、直進は高見石への道、ここは右に折れる。国道299号線のすぐ手前で左の遊歩道に入り、桟橋状の木道を進むと、庭園風の風景が開ける。再び森に入って草原に出ると、多くの人でにぎわう麦草峠となる。

麦草ヒュッテの北側にバス停がある。

にゅうから白駒池に下山を開始すると、根上がり現象を顕著に現した森が続く。歩きにくい

色とりどりの山の花が見られる麦草峠の花園

広い平坦地、ムギクサの草原に建つ麦草ヒュッテ

赤い三角屋根が印象的な麦草ヒュッテが建つ麦草峠へは、昭和42年、八ガ岳を横断する県道が開通した。その後、県道は国道299号線に昇格し、マイカーや公共交通機関のバス運行を利用すれば、誰でも気軽に2127mの高地に立つことができる。そのため観光シーズンや登山適期には、多くの観光客や登山者でにぎわっている。

通年営業の麦草ヒュッテは、昭和32年、島立博氏が設立。今は2代目の島立正広氏がオーナー。夫妻で小屋を切り盛りする。利用者へのサービスとは何か、自然と人間の共存共栄の在り方などを真剣に考える岳人である。その現れのひとつが花園である。八ガ岳に自棲する花と、さらに国内外から集めた花を多くの人に鑑賞してもらう目的から、麦草峠野草園を保護、育成管理している。花を愛でるには100円の協力金が必要だが、これは花の大切さをわかってもらう不可欠の方法だと、訪れた人は納得する。

八ガ岳に自生する高山植物は、6月に入ると咲きはじめ、国内外の野草や高山植物が季節ごとに咲き競い、8月下旬まで楽しめる。高山植物の女王コマクサにはじまり、ウルップソウ、ハクサンシャクナゲ、シナノオトギリ、ミヤマオダマキ、チシマギキョウ、ミヤマクロユリ、ヤナギラン、マツムシソウ、ツクバトリカブトなど数えあげたらきりがないほど数多くの花が見られる。

上段／左：オオヒラウスユキソウ 中：キンロバイ 右：シコタンハコベ
下／左：ハクサンフウロ 中：タカネビランジ 右：ミヤマハナシノブ

秋の サブコース・北八ガ岳 ①

池面に映る紅葉は必見
稲子湯▶みどり池▶中山峠

秘湯稲子湯から神秘的なみどり池を巡り中山峠へ

MAP 2 P8-9

登山口となる稲子湯は、昔、稲子渋鉱泉とよばれた。八ガ岳への佐久側の登山基地として、多くの登山者を迎え、入下山時に心身をいやしてくれる存在として人気が高い。

稲子湯へは小海町営バスが小海線松原湖駅から運行している。マイカーの場合は、稲子湯のひとつ先、みどり池バス停まで上がれる。16台駐車可能な駐車場が整備されている。

車止めゲートをくぐり、橋を渡って、右手の登山道に入る。先で林道に何回か出合いながら進む。駒鳥沢を渡ると、みどり池まで一本道となる。遊歩道に準じた緩やかで道幅の広いカラマツ林の中を登る。晩秋であれば、カラマツの落葉が道を埋め、ふわふわのジュウタンの上を歩くような気持ちのよい道だ。

トロッコの軌道上を歩く場所が頻繁に出てくると、やがて水場の広場に着く。水場といっても、沢水を利用する場所

だ。コーヒー通の人は、この水で沸かすとおいしいと定評がある。

休憩が終わったら、みどり池目指して、後半の登りにかかろう。ここからは本格的な登山道が山腹をジグザグに切って登る急坂となる。路面がゴツゴツしてきて、歩きにくい。

しかし、それもそう長くはなく、展望が開けてくると、再び小広い緩やかな道となる。わずかの距離でみどり池だ。

湖畔にはしらびそ小屋が建ち、アット

みどり池から中山峠の中間点、樹間越しの稲子岳

中山峠の下部には、木に抱かれた溶岩が見られる

静寂さを突き破るかのように小鳥の声がこだまするみどり池。初夏もいいが、秋の紅葉もおすすめ

ホームな今井さん一家が迎えてくれる。奥さまの手作り料理が好評で、小屋の窓からは愛くるしい表情のリスや小鳥を観察できる。小動物や小鳥は、小屋主の今井さんと大の仲良しなのだろう。

みどり池は、夏はもちろん、秋は紅葉に彩られた風情に趣がある。静寂な湖のほとりで心を解き放ち、ランプの灯を囲んでの語らい……。ぜひ泊まってみたい山荘のひとつである。

みどり池からは、しらびそ小屋を背に、池を右回りに進むと分岐に出る。左に本沢温泉(ほんざわ)を経由して夏沢峠(なつざわ)に向かう道を分け、右に中山峠へのコースに入る。最初は密集した背の低い樹林の中で、斜度は緩い。稲子岳(いなごだけ)の荒々しい岩壁が樹間越しにチラチラ見え出すと、大きなダケカンバが目立つようになる。右手に稲子岳を望む展望地もある。

稲子岳は、にゅうから派生した急峻な南壁を持つ山で、標高は2380m。岩登りのゲレンデとしてクライマーの標的となっているが、一般の登路はない。

中山峠へのエンディングは、胸を突く長い急登だ。峠の直下には、造形的なダケカンバが、輝く黄葉をまとって迎えてくれる。いずれも寒冷な気候の影響で、変形して育ったものだ。夏には、林床にみごとな高山のお花畑が広がる場所で、秋は草紅葉が楽しめる。

中山峠は主稜線上にある。ここからは、往路を戻るもよし、にゅうへ向かうのもよいだろう。

参考コースタイム 稲子湯（2時間15分）みどり池（2時間）中山峠

大岩がゴロつく主稜の中山峠に憩う登山者

9

MAP 1 P6-7

麦草峠▶雨池▶雨池峠▶縞枯山▶麦草峠

日帰り

- 技術度
- 体力度
- 危険度

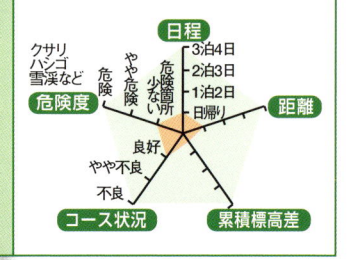

訪れる人の少ない優美な雨池にたたずみ、国内最大規模の縞枯れ現象を観察する

麦草峠～雨池～雨池峠～縞枯山～茶臼山～大石峠～麦草峠

● **歩行距離**
第1日＝8.0km
総　計＝8.0km

● **標高差**
標高差＝283m
（麦草峠～縞枯山）
累積標高差
第1日＝＋483m
　　　－483m
総　計＝＋483m
　　　－483m

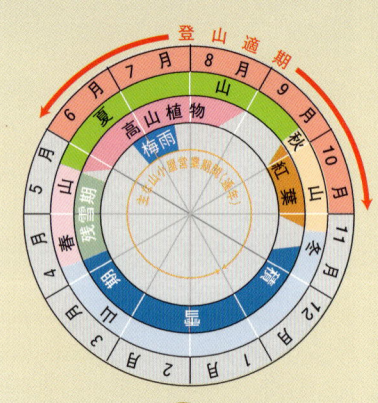

● **2万5000図**
蓼科

コース・プランニング

八ガ岳を横断する唯一の国道を利用し、その最高地点の麦草峠を登山口とした。訪れる人の少ない隠れた穴場的存在の雨池を訪ね、雨池峠に出て主稜線を南下し、不思議な縞枯現象を見て、麦草峠に戻る。森と湖が奏でる神秘的な八ガ岳の魅力を、アプローチを短縮し、日帰り山行に設定している。

●季節　新緑の季節がおすすめで、6月上旬～7月上旬。ダケカンバが多いので、紅葉期の10月上旬～中旬もいい。

●服装　Tシャツ、短パン、トレッキングシューズ、長袖シャツ、レインウェア、帽子、スパッツ、秋期は長ズボン、防寒着、マフラー、手袋。

●必携用具　水筒、地図、ストック、バンダナ、サングラス、手ぬぐい、ナイロン袋、ザックカバー、むすびやパンなどの行動食。

参考コースタイム

JR中央本線
茅野駅
🚌諏訪バス 1時間4分
麦草峠
🚶55分
大石川林道
🚶15分
雨池南岸
🚶15分

北西岸
🚶15分
雨池峠分岐
🚶1時間
雨池峠
🚶50分
縞枯山
🚶40分
茶臼山
🚶35分

大石峠
🚶10分
麦草峠
🚌諏訪バス 1時間4分
JR茅野駅

歩行時間
4時間55分

【断面図】
麦草峠 2120m → 雨池 2070m → 雨池峠 2245m → 縞枯山 2403m → 茶臼山 2384m → 麦草峠 2120m

縞枯山を背景に満々と水を貯えた雨池。雪解け水がたっぷりたまり、ダケカンバの萌える初夏がいい

日帰り 麦草峠から雨池、縞枯山を周遊

MAP ❶P6-7

　JR中央本線茅野駅から諏訪バス麦草峠行きに乗車。JR小海線八千穂駅から千曲バス麦草峠行きに乗る方法もある。終点でバスを降り、国道を渡って木道を東へ進む。あるいは国道を渡り、そのまま進んで茶水池を見て右折してもよい。どちらの道も茶水池の東側で合流する。

　北八ガ岳のシンボル、シラビソ林の林

下…茶水池を左に苔むした針葉樹の中を歩く

左…麦草峠でバスを降り、国道を渡って分岐を右に行く

交通機関・山小屋問合せ

🚌 諏訪バス☎0266-57-3000、諏訪バス茅野駅前案内所☎0266-72-2151、千曲バス☎0267-62-0081、アルピコタクシー☎0266-71-1181、第一交通タクシー☎0266-72-4161、中山タクシー☎0266-72-7181

🏠 麦草ヒュッテ☎0266-67-2990、縞枯山荘☎0266-67-5100

アドバイス／Q&A

＊1 麦草峠までの交通手段は2通りある。まず諏訪側は茅野駅から諏訪バスを利用し、佐久側は八千穂駅から千曲バスを利用する。どちらも季節運行で便数は少なく、入山前にダイヤを確認しておく必要がある。

＊2 マイカーを利用して麦草峠に上がる場合は、中央自動車道の諏訪ICで降り、国道299号線に入る。峠に駐車場があり、駐車可能台数は48台。

Q 梅雨の時期には危険はないか？
A ぬかるみの道があるので、足を濡らさないため、スパッツをはくなどの工夫が必要。斜面は滑りやすいので、ストックを使うなど慎重に。

麦草峠〜雨池〜雨池峠〜縞枯山〜麦草峠

雨池の東端には溶岩が累積し、八ガ岳の湖沼の中では珍しい風景を展開させている

雨池峠。ここは分岐で、北へ雨池山、西へ坪庭、南へ縞枯山への道が分かれる

床が苔でびっしり埋めつくされた中を進む。地中の地下水が豊かなためか、ひんやりする空気が肌になんとも心地よい。

やがて周囲が開けたクマザサの草原に出て、再び森の中に入る。少し登りになって、変化の乏しい緩やかな下りが続く。梅雨の時期なら降雨の中を歩くこともあるが、木々の枝先に雨露が丸く付く。それを微視的に見てみよう。周囲の光景がまるで魚眼に映し出されたように写る。ポツン、ポツンと雫となって落ちる水滴は、地表の草や花を生きかえらせるエネルギーを宿しているかのように、草花を蘇らせる。どこへも移動することなく、不平も言わず、そこを己の住家と定めて生きる草や木。直立不動で雨の日も風の日も雪の日も、ちゃんと回りを見つめつつ子孫を残すことに懸命な草木たち……。そんな生きざまを、時として凝視してみるのも大切だろう。

そんなことを考えながら雨の中を歩くのも悪くはない。まさに心の中の対話が

雨池峠から縞枯山の北稜を登るが、路面はよくない

縞枯山の南西面。山肌に何本も横一直線に縞枯れの帯が確認できる。幅300m、高さ20〜30m、8段の筋模様が優美

▲ 北八ガ岳で顕著な縞枯れ現象 ▲

「縞枯山」の由来にもなっている縞枯れ現象は、どうして起きるのだろう。定説によると、諏訪地方から吹き上げる極度の強風が、八ガ岳の南西面に当たり、シラビソなど針葉樹の密生する性質の林が、倒木、立ち枯れを起こす。15度前後という緩傾斜面であることも要因し、朽ち果てたあとには、陽光が強く射すようになり、上部の地表が乾燥し、ついには上方も枯れる。枯れたあとには若木が生育し、枯木帯と若木帯が縞状に発達して、山頂へと天然更新を続けるという。

一方、地質学者の小泉武栄博士は、国内で現象の見られる山の地質に着目し、林床が共通した岩塊地で土壌が乏しく、風に弱い素因があるとしている。山を歩いてみるとそれらがよく理解できる。いずれにしても、風や、地質や、気候など、さまざまな要因が起因しているのだろう。

展望の台地、中小場山頂で憩う登山グループ。麦草峠はもうすぐ下だ

上：茶臼山の展望台から南を見る方に、日本庭園のような樹林風景の彼方に南八ガ岳が望める

左：縞枯山山頂の標柱。縞枯れが目立つ林の中なので、展望は得られないこの先を左に入ると展望台があり、天狗岳方面の眺めがよい

活発になる時である。
　林道大石川線に下り着き、左に折れる。5分ほど進むと指導標が立ち、雨池へ導かれて右にコースをとる。クマザサの中にダケカンバなどの木立が点在する砂の道を進むと、雨池の南端に到着。池は周遊できるので、池を左回りに行ってみよう。東端に着くあたりは、クマザサの草原から溶岩が湖畔を埋めつくす景観に変わる。水深はそれほどないが、広々とした解放感がたまらない。背景は右から三ツ頭、雨池山、縞枯山、茶臼山、そして中山方面まで視界におさまる。池の周囲はダケカンバの林が、そのほとんどを占めているので、新緑の萌える若葉の色彩が何とも目に優しい。
　東端からさらに進んで、北端、西端へと差しかかると、雨池峠に出る指導板が立っている。右に入り、針葉樹の中を林道まで登り、右折してしばらく林道を歩く。双子池方面まで続く林道を途中で分け、左へ雨池峠を目指す。分岐の指導標があるので迷うことはない。岩がゴツゴツした急登を経て、緩やかな草原を歩くようになると雨池峠に着く。ここは観光客も来るので、にぎわっている。
　右の雨池山、直進する坪庭への道を分け、左へ折れる。石がガレていて、路面があまりよくない密生したシラビソ林の中を、縞枯山へと登る。登り着いて左にコースが曲がると展望台。好天なら天狗岳や麦草峠方面が望める。鞍部まで縞枯れの山肌を下り、登り返すと茶臼山山頂。ここは主稜線上で展望はない。西に2分ほど進むと展望台がある。北西には縞枯現象の山肌が見られ、南西には南八ガ岳の峰々がピークを競い、その裾野が広がっている。
　岩の間をからめて急下降し、展望の効く中小場の露岩に出て、森の中を麦草峠へと下る。茶水池の先が麦草峠である。

大石峠の道を合わせて森林帯を抜けると左に茶水池が現れ、国道に出る

サブコース・北八ガ岳 ②

紅葉樹と常緑樹のコントラストが映える
中山峠▶にゅう▶白駒池▶八千穂高原

広大な樹海を展望し、本州最大のシラカバ林へ下る

MAP ②P8-9・①P6-7

　このコースは、夏でも訪れる登山者が少なく、秋にはさらにいっそう少なくなる。静かな山旅を好む登山者には、うってつけのコースだろう。にゅう展望台に登れば、北八ガ岳の全貌と、深い森と湖の景観を見わたすことができる。

　北八ガ岳の主稜線上に位置する中山峠は、西から黒百合平、東からみどり池のコースが合流する十字路である。大岩がゴロゴロする中を縫って北上する。東に向きを変え、急斜面をひと登りすると、右側が開けた展望のよいテラスに出る。眼下にはみどり池の森が、南側には天狗岳の双耳峰が紅葉の樹海に浮いている。

　ここから主稜は再び北へ向きを変え、右側が切れ落ちた崖上を進む。中山山頂とにゅうとの分岐に出て、右に入ると、にゅうまでは一本道。緩やかな下りだが、足もとはよくない。

　しかし、悪いことばかりではなく、黄葉が美しいダケカンバが、ポツンポツンと立っているし、紅色の落葉広葉樹も見られる。

　ゴロゴロする溶岩と、木の根がやたら多くなると、にゅう山頂の下部

左：にゅう付近は、木の根が張り出した歩きにくい道が続く
下：にゅう山頂は至福の展望台。北八ガ岳のほぼ全貌が見わたせる

上：剣ガ峰からガレ場を下りきると、巨木が立つ。スキー場への目印
左：白駒池の周辺は、林床が鮮苔類に覆われた針葉樹の原生林

分岐に着く。指導標が立ち、あとで利用する下山路を左に分けて直進すると、30mほどの登りで山頂に立てる。大展望を満喫しよう。樹海の中に見える白駒池（しらこまいけ）が神秘的だ。

分岐に戻り、白駒池方面に折れると、歩きにくい下りがはじまる。鮮苔類が一面に生える原生林の中で、目に優しい風景が続く。ここは、ゆっくり足場を確実に確保して歩くことがコツだ。

稲子湯へのコースを右に2度分けると、道は左に曲がる。湿原を木製の桟橋で渡ると、木道が現れ、やがて白駒池に着く。湖畔にはロープが張り巡らされ、その外側に池の周遊歩道がのびている。ここは右に折れて、しばらく進み、あずまやで再度右にコースをとる。

森を抜けると丁字路の林道に出て左折、わずか先で国道299号線に突きあたる。しばらくは国道を歩く。途中から左へ戻るように鋭角にのびる林道に入り、少し先で林道を分け、右の遊歩道に入ると八千穂高原（やちほ）までは一本道だ。

剣ガ峰（けんみね）のすぐ下を通り、ガレたやせ尾根を下り、スキー場のゲレンデに出る。そのままゲレンデの下へ、適宜判断しながらルートをとると、車道に合流する。

この車道を下ると国道に再び突きあたる。直線的に新しく拡幅工事された車道を左に折れ、大石川（おおいし）を橋で渡ると、バス停のある八千穂高原自然園である。周囲は、本州最大規模のシラカバの純林が広がり、紅葉もことのほか優美に見える。

参考コースタイム 中山峠（1時間10分）にゅう（1時間）白駒池（2時間20分）八千穂高原

八千穂高原は、広大なシラカバの純林。紅葉が美しい

津野祐次の八ヶ岳撮影ポイントガイド

八ヶ岳を歩き、木や花や湖や渓流などをよく観察してみると、実に数多くの自然の営みに気づく。一期一会の自然との出会いや、心の底から感動した風景を記念に残そうと、カメラのシャッターを切る……。しかし、できあがった写真を見てがっかりした経験は、誰にでも少なからずあるのではないだろうか。

本稿では、フィールドで役立つ実践的撮影法を解説してみたい。

自然をよく観察しよう

カメラをのぞく前に、ピュアな心で自然を観察することが大切。その上で、心を突き動かされる花や風景が目の前に現れたなら、素直にカメラを向けることだ。写真に残そうという行為の対象が被写体であり、優れた写真をつくるには、優れた被写体を見つけることが出発点。

朝夕の光線でダイナミックに

写真は縦と横の二次元の世界。しかし自然界は奥行きがプラスされた三次元である。立体的な三次元の世界を、いかに平面的な写真に置きかえて表現するかが、重要な課題である。そこで、朝夕の横から射し込む光を積極的に利用しよう。この光線は被写体に光と影を強く生み出し、その凹凸感によって写真に立体感が生まれるのだ。さらに、午前9時、午後3時前後の時間帯も、斜め上から射し込む斜光線が得られ、朝夕の光線に次ぐ光線となる。また朝夕は風景が赤系の色に染まるので、ドラマチックな描写ができる。

雲海に浮く朝の奥秩父山塊。日の出の空は逆光になるので、露出に配慮が必要。プラス側に補正しよう。シルエットの山並みを巧みに配置させることがコツとなる。撮影データ／ブロニカETRSi・ゼンザノン150mm・絞F11・シャッター自動＋1補正・7月中旬・地蔵ノ頭付近

左：右横から射す太陽光が、赤岳の山稜に光と影による凹凸をつけ、そのため立体的に見える。縦位置写真は高度感が表現できる。空の部分を切り詰めることがポイント。撮影データ／ブロニカETRSi・ゼンザノン40mm・絞F22・シャッター自動・7月下旬・横岳南稜

構図の作り方

カメラのファインダーをのぞき、木や花が中途半端に入ったり、空の部分が広がりすぎたりしないか、さらに余分なものが写りこんでいないかなど、充分にチェックしよう。この時、カメラを左右、上下、前後に移動させ、画面内をすっきりさせることがコツ。狭い山頂など、移動できないところでは、ズームレンズを使って、画角（被写体の写る範囲）を変化させて検討しよう。

絞りと被写界深度

写真はピントを合わせた部分以外はボケてしまう。しかし、絞りの使い方しだいでは、ピントが合っているように写すことができる。この合っているように写る範囲を被写界深度という。絞りを数字の多い方に絞りこむと、被写界深度は増す。絞りが開放だと、被写界深度は浅くなる。

林床を鮮やかな緑色のシダが覆うカラマツ林に出会った。画面内に主題のシダを広めに、副題のカラマツを少なめに配置した。ときには足元にも目を止めてみよう。撮影データ／ニコンF70D・タムロンSPAF20-40mm・絞16・シャッター自動・8月上旬・稲子湯からミドリ池への道

秋はカラー写真を撮る絶好の季節。空も澄みきって形のよい雲も出現してくれる。三角形の山稜を真ん中からずらすことがコツ。斜線で構成した画面はイメージが強くなる。撮影データ／ニコンF70D・タムロンSPAF20-40mm・絞16・シャッター自動・偏光フィルター使用・10月上旬・赤岳キレット

画面手前に咲くハクサンシャクナゲと湖の対岸の森までシャープに描写したかったので、レンズの絞りを最大に絞っている。広角レンズを使うことでさらに被写界深度は深い。撮影データ／ブロニカETRSi・ゼンザノン40mm・絞F22・シャッター自動・偏光フィルター使用・7月上旬・白駒池

茶褐色の岩肌を滑るように清流が流れ落ちていた。曲線を描くところに三脚を構え、低速シャッターを使って流動感を出した。画面内に流れを斜めに入れると力強い表現ができる。撮影データ／ニコンＦ70Ｄ・タムロンSPAF20-40mm・絞Ｆ22・シャッター自動・偏光フィルター使用・6月下旬・柳川北沢

流動感とシャッター速度

　人間の目の残像現象は平均1/15秒前後といわれ、この速度で撮ると目で見た感じに写る。ちなみに水の流動感を出すには、1/30秒よりもシャッター速度が早いと止まって写り、1/8秒よりも遅いと見ためよりもゆっくり流れて写る。

色彩効果を高める偏光フィルター

　新緑、紅葉、山並み、青空と雲などは、太陽光が偏光していて、そのまま撮ると素材本来の色が描写できない。そんな時、援軍となってくれるのが偏光フィルターだ。このフィルターは2枚のガラス枠からなり、回転させると偏光角度が変えられる仕組み。使い方はいたって簡単。レンズに装着し、ファインダーをのぞきながらフィルターの前枠を回転させ、その効果を確認する。ちなみに斜光線の時が最大に効果があり、逆光線では効果がない。

ダケカンバの新緑が青空に映えていた。印象的な雲とダケカンバの萌える若葉を色鮮やかに描写するには偏光フィルターを使う。右上からの斜光線が生き、効果が出た。撮影データ／ニコンＦ70Ｄ・タムロンSPAF28-300mm・絞Ｆ11・シャッター自動・偏光フィルター使用・6月下旬・阿弥陀岳北東の山肌

こちらはフィルター未使用。青空と新緑の色がくすんでしまい、白い雲も弱い。全体的にコントラストがなくなっている。

花の撮り方

　ここでは花の表情を捉えたいので、マクロレンズか接写リングが必要となる。一般的にはマクロレンズが扱いやすい。撮影の注意点は、まず彩度と形のよい花

マクロレンズを使って、強い太陽光線下で、半逆光を利用して撮っている。一輪の花びらにピントをしっかり合わせ、絞りを開けて背景をボカしている。撮影データ／ニコンＦ70Ｄ・タムロンSP90mm・絞開放・シャッター自動・8月上旬・麦草峠

を見つけること。そして花をあらゆる角度から観察し、いちばん美しく見えるアングルを探る。その時画面内に花をどの程度の大きさで入れるか、花の背景をどのように処理するかを考えよう。レンズの絞りを開放にし、花と背景の距離を多くとると、背景は美しくボケてくれる。被写界深度が極端に浅くなるので、花のどの部分にピントを合わせるかがキー・ポイントだ。

カメラ片手に登山を存分に楽しもう

撮影を心から楽しむことが、人生を有意義に愉しくすごすことにもつながる。被写体を見つけ、カメラ機材を自在にコントロールし、創造力を磨いて個性輝く写真をつくる。あれこれ考えながら、心の中の対話を活発にする……写真の道が深まれば深まるほど、自然もまたより豊かになって、目の前に開けるに違いない。

広大なシラカバ林の中から、木立の一部を切り取った。整然とした林をほぼ左右対称になるように注意深く画面を組み立てる。この構図をシンメトリー構図という。撮影データ／ブロニカETRSi・100-220mm・絞Ｆ32・シャッター自動・10月下旬・八千穂高原

10

MAP 1 P6-7 2 P8-9

麦草峠 ▶ 高見石 ▶ 東天狗 ▶ 黒百合平 ▶ 渋ノ湯

1泊2日
- 技術度
- 体力度
- 危険度

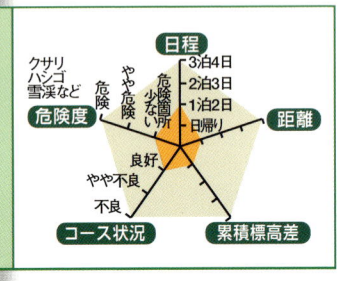

絶景が開ける高見石、荒々しい岩稜の東天狗に登る人気のコース

第❶日＝麦草峠〜丸山〜高見石〜中山峠〜東天狗〜黒百合平
第❷日＝黒百合平〜渋ノ湯

● 歩行距離
- 第1日＝7.5km
- 第2日＝3.0km
- 総　計＝10.5km

● 標高差
標高差＝520m
（麦草峠〜東天狗）
累積標高差
第1日＝＋717m
　　　　−443m
第2日＝＋13m
　　　　−553m
総　計＝＋730m
　　　　−996m

● 2万5000図
蓼科

参考コースタイム

第1日
- JR中央本線茅野駅
- 🚌 諏訪バス 1時間4分
- 麦草峠
- 🥾 1時間10分
- 丸山
- 🥾 20分
- 高見石
- 🥾 1時間10分
- 中山展望台
- 🥾 40分
- 中山峠
- 🥾 1時間20分
- 東天狗
- 🥾 55分
- 黒百合平

第1日歩行時間 5時間35分

第2日
- 黒百合平
- 🥾 55分
- 八方台分岐
- 🥾 40分
- 渋ノ湯
- 🚌 諏訪バス 50分
- JR茅野駅

第2日歩行時間 1時間35分

コース・プランニング

北八ガ岳の深い森と湖、そしてちょっぴりアルペン的な天狗岳、これらを展望するコース。もちろん花も楽しめる。
- **●季節**　展望の山旅がねらいなので、雨期の終わる7月下旬〜8月下旬。花は8月中旬まで。
- **●服装**　Tシャツ、短パン、トレッキングシューズ、帽子、長袖シャツ、長ズボン。
- **●必携用具**　水筒、ストック、サングラス、雨具、ザックカバー、手ぬぐい、ナイロン袋。

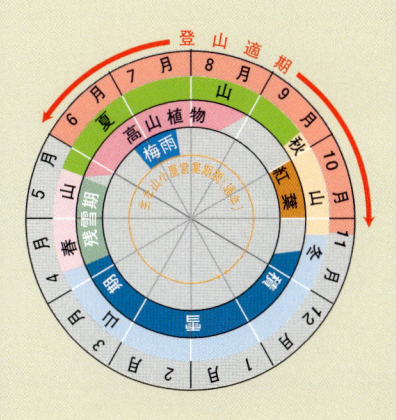

大きな岩が高さ約60mも重なる高見石。気持ちのよい展望台でもあり、西に北アルプスなどの山並み、東に樹海の中の優美な白駒池、南に中山がそれぞれ望める。直下の建物は高見石小屋

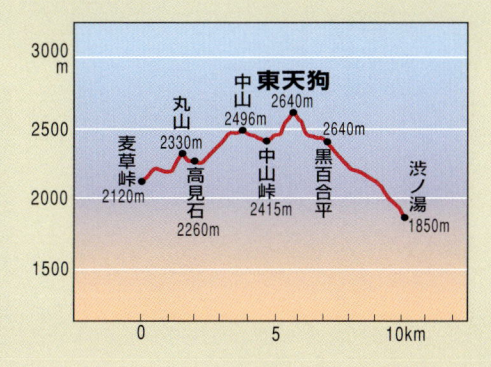

登山適期
6月 7月 8月 9月 10月 11月 12月 1月 2月 3月 4月 5月
梅雨 夏山 高山植物 秋山 紅葉 冬山 残雪期 春山

麦草峠 2120m
丸山 2330m
高見石 2260m
中山 2496m
中山峠 2415m
東天狗 2640m
黒百合平 2640m
渋ノ湯 1850m

119

第1日 麦草峠から東天狗、黒百合平へ
MAP ❶P6-7・MAP ❷P8-9

諏訪側から麦草峠まで入る人は、茅野駅から諏訪バスに乗る。佐久側から入る人は、八千穂駅から千曲バスを利用する。いずれも終点で下車。

麦草峠に降り立つと、赤い三角屋根がシンボルの麦草ヒュッテが目に飛びこむ。その南方の奥には、これから目指す丸山の山腹が見えている。ここで水をわけてもらい、水筒を満たそう。早い時間に着いた人は、麦草ヒュッテ東側に広がる花園を一周して、八ガ岳に自生する花、八ガ岳では見られない花、それら数多くの花たちを愛でていこう。

いったん白駒池方面の道に入り、わずか先でその道を左に分け、右手のクマザサの斜面に入る。カラマツが点在し、テガタチドリのピンク色の花が、クマザサの緑葉と色彩の好コントラストを放っている。針葉樹の森に吸いこまれ、丸山北峰を越えるとさらに急登になって、足元が悪くなる。登り上げた丸山は2330m。展望のない森の中だ。

丸山は端正な円錐形の火山で、その溶岩は、西麓へ冷山の東山腹から北側の源流まで達し、東麓では高見石から白駒池までのびている。丸山山頂は針葉樹が茂り、岩の露頭は少ない。しかし、高見石では1〜5mもの大岩塊が重なり合い、高さ60mにおよぶ岩峰を形造っている。

一方、南麓では白駒峠の西、渋川の源流部に、賽ノ河原とよばれる一大岩塊斜面を形成している。ハイマツと大岩がゴロゴロする不思議な場所で、大きなお地

麦草峠から丸山への最後の登り。倒木があったり、木の根が張り出したりで路面はよくない

淡々とした丸山山頂。樹間ごしにわずかばかり中山が見える。ここから高見石までは下りだ

高見石から行く手の中山方面を望む。深緑色の針葉樹と淡緑色のダケカンバ林が混生して美しい

上：中山展望台付近の登山道。雨後はぬかるみになって、苦労させられる。滑らないように

左：大樹海の中ほどに八ガ岳最大の白駒池がたたずむ。高見石の露岩から望む。新緑期と秋の紅葉期もみごとだ

蔵さんが立っている。さらに、丸山から噴出した溶岩は、冷山北西下部約800m地点に大きな黒曜石を産出させ、古代縄文人の重要な石器製造の原石採集地だったといわれている。

　さまざまなロマンを秘めた丸山をあとに、主稜を下ると白駒峠。白駒池、渋ノ湯へ、左と右に分岐する。そこからほんの少し先が高見石小屋。左に大岩を登ると高見石だ。岩の露頭から東側を俯瞰すると、樹海の中に白駒池が見える。北八ガ岳最大の池である。

　高見石小屋を背に、主稜はいったん西に方向を変え、南へ向かう。雨後は路面がぬかるみになる平坦路から、しだいに登り坂になるが、斜度は驚くほどではない。苔むすシラビソの森の中、距離はわりと長く感じる。

中山展望台で憩う登山者。岩塊とコメツガとハイマツがバランスを保つ庭園風景が広がる

交通機関・山小屋問合せ

麦草ヒュッテ

黒百合ヒュッテ

諏訪バス☎0266-57-3000、諏訪バス茅野駅前案内所☎0266-72-2151、千曲バス☎0267-62-0081、アルピコタクシー☎0266-71-1181、第一交通タクシー☎0266-72-4161、中山タクシー☎0266-72-7181 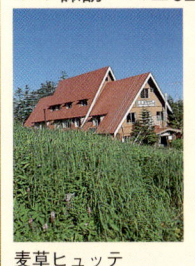
麦草ヒュッテ☎0266-67-2990　高見石小屋☎0467-87-0549、黒百合ヒュッテ☎090-2533-0620、渋ノ湯ホテル☎0266-67-2732、渋御殿湯☎0266-67-2733、渋・辰野館☎0266-67-2128

アドバイス／Q&A

＊1　麦草峠までは諏訪側からと佐久側からの両方からバス運行がある。茅野駅からは諏訪バスを、八千穂駅からは千曲バスを利用する。どちらも季節運行で、便数は少なく、入山の前にダイヤを確認すること。

＊2　マイカー利用は、中央自動車道諏訪IC降車。国道299号線を利用する。麦草峠の駐車場は48台。

中山山頂から下りはじめるあたりは、ハクサンシャクナゲの大群落を左右に見ながらの道だ

麦草峠〜高見石〜東天狗〜黒百合平〜渋ノ湯

中山峠手前の展望地から望む硫黄岳と天狗岳の爆裂火口壁。登山コースも見える

岩がゴロゴロした中山峠。ここは分岐で、西へ黒百合平、東へみどり池への道が分かれる

東天狗の山頂。西天狗が眼前に見える。時間のある人は往復しよう。往復所要約40分

中山を越えると、岩の庭園が広がる中山展望台。好天なら、ここもすばらしい展望が得られる。日本アルプスを遠景に、天狗岳(てんぐだけ)の双耳峰が迫って望める。初夏にはハクサンシャクナゲが周辺に群れ咲き、美しいところだ。

主稜にもどって、緩やかに下降しながら南下する。やがて左側が切れ落ちる崖の上に出て、急下降がはじまると、中山峠はすぐ下だ。

左にみどり池方面、右に黒百合平(くろゆりだいら)への道を分け、直進する。ハイマツの道から岩原を経て、急斜面の岩場を越えると分岐に出る。摺鉢池(すりばちいけ)を経て黒百合平へのびる、帰路に使う道を右から合わせ、トラバース気味に岩礫の斜面を進む。岩峰の右を乗り越えると東天狗の山頂が見え、天狗岳の爆裂火口壁の縁をひと登りで山頂に立てる。多くの登山者が、それぞれに山頂での憩いを満喫している。

山頂からは直下の分岐まで戻り、左に折れて下る。岩原帯に出たら、歩きやすい歩幅の岩を選んで進む。わずかに登り返すと右に摺鉢池が見え、左にいっきに下ると黒百合ヒュッテの前に出る。

第2日 黒百合平から渋ノ湯へ
MAP ❷P8-9

黒百合平は東西に長い草原で、中央には湿原があり、大型のコバイケイソウ、小型のミヤマクロユリなどが群生している。南側の小高い岩原帯は、天狗岳の北西から流れ下った溶岩が、約40mの崖をつくって止まり、出現したものである。溶岩流は外側の縁が高く、内側はへこんで窪地をつくり、低いところは水が貯まるようになり、摺鉢池となった。高山の

東天狗下部の岩峰を巻く地点。ここから約10分ほど登ると東天狗の山頂

摺鉢池の北側溶岩堤防から天狗岳を望む。右の西天狗、左の東天狗の双耳峰が特徴ある山岳風景を展開

花や、火山によって出現した地形構造を観察し、太古の昔を忍ぶのも楽しい。

　朝の散歩が終わったら、渋ノ湯に向けて出発しよう。下り出してすぐ、沢沿いの岩がゴロゴロした道になるが、悪いところは木道で整備してあるので、心配はない。針葉樹の森を右、左と曲がりながら、高度を落とし分岐に出る。直進する道は唐沢(からさわ)鉱泉への道。ここは右に、渋ノ湯方向に折れる。

　わずかに登り坂で、すぐに下りがはじまる。途中、振り返ると、天狗岳が視野に入る。尾根からはずれて山腹を下るようになると、細かく蛇行する急な下降となって、渋川に下り立つ。橋を渡ると渋ノ湯。バス停は車道を少し下った橋のたもとだ。日帰り入浴可能な渋ノ湯ホテルと渋御殿湯(しぶごてんゆ)が建っている。

黒百合ヒュッテ南東側にある黒百合平のキャンプ指定地。お花畑が目の前に広がる

アドバイス／Q&A

＊3 麦草峠は、昔、馬越峠とよばれ、その位置はおよそ2kmほど西にあったという。いまの麦草峠は自動車道の開通によってつけられたもの。峠というより、広い草原である。

＊4 中山展望台から中山峠の間に、天狗岳を眼前に望める展望地がある。切れ落ちた崖の頭で、東天狗へのルートが手に取るように確認できる。写真を撮るにも最適地。風がある時などは、滑落に注意しなくてはならない場所でもある。

Q 東天狗から西天狗へは？

A ゆっくりでも所要時間は往復約40分。時間があればぜひ往復しよう。山頂から東天狗の西面を下り、鞍部からハイマツ帯を登り返す。行きも帰りも時間はほぼ同じ。危険箇所はない。西天狗は訪れる登山者が少ないので、静かな山旅を好む人にはたまらない山頂だろう。

Q 渋ノ湯とは？

A 渋川に沿って湧出する奥蓼科温泉のひとつ。自然湧出泉温は17.3〜31.3度C。水素イオン濃度は3.0〜5.2の酸性。淡白色か黄褐色。「渋」の語源はこのためだ。武田信玄の隠し湯として開湯した伝説も残る。渋御殿湯は、諏訪の高島城主が専用の御殿湯として使っていた名をいまに残したもの。古くから病気の治療、保養の場として親しまれ、農閑期には諏訪地方の人々の湯治の場としてにぎわった。

11

MAP 1 P6-7

坪庭▶北横岳▶三ツ岳▶雨池峠▶縞枯山▶麦草峠

日帰り
- 技術度
- 体力度
- 危険度

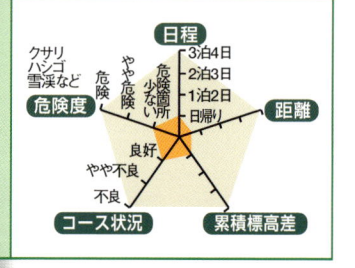

（レーダーチャート）
- 危険度：クサリ・ハシゴ・雪渓など／危険箇所少ない／やや危険／危険
- 日程：日帰り／1泊2日／2泊3日／3泊4日
- 距離
- 累積標高差
- コース状況：不良／やや不良／良好

ロープウェイを利用して北八ガ岳の主脈をたどる展望抜群のコース

坪庭〜北横岳〜三ツ岳〜雨池峠〜縞枯山〜麦草峠

● **歩行距離**
第 1 日＝ 7.0km
総　計＝ 7.0km

● **標高差**
標高差＝ 243m
（山頂駅〜横岳）
累積標高差
第 1 日＝＋573m
　　　　　－689m
総　計＝＋573m
　　　　　－689m

● **2万5000図**
蓼科

参考コースタイム

JR中央本線
茅野駅
🚌 諏訪バス 52分
ピラタスロープウェイ
山麓駅
🚠 ロープウェイ 7分
山頂駅
🥾 10分
坪庭横岳分岐
🥾 40分
七ツ池分岐
🥾 20分
北横岳
🥾 15分
七ツ池分岐
🥾 45分
三ツ岳
🥾 30分
雨池山
🥾 10分
雨池峠
🥾 50分
縞枯山
🥾 40分
茶臼山
🥾 35分
大石峠
🥾 10分
麦草峠
🚌 諏訪バス 1時間4分
JR茅野駅

歩行時間 5時間5分

コース・プランニング

秀麗な展望が期待できる北横岳、岩稜が連続する三ツ岳、珍しい縞枯れ現象が見られる縞枯山――これらをめぐるコース。
● **季節**　坪庭と北横岳の七ツ池周辺、麦草峠の花を見るには、6月下旬〜8月上旬。
● **服装**　Tシャツ、短パン、トレッキングシューズ、帽子、長袖シャツ、長ズボン。
● **必携用具**　水筒、ストック、サングラス、雨具、ザックカバー、手ぬぐい、ナイロン袋。

麦草峠と茶臼山の中間にある中小場から南方を望む。シラビソ林にコメツガが混成する北ハ八ガ岳の樹海が広がり、遠くには丸山火山台地が緩やかな裾野を広げる

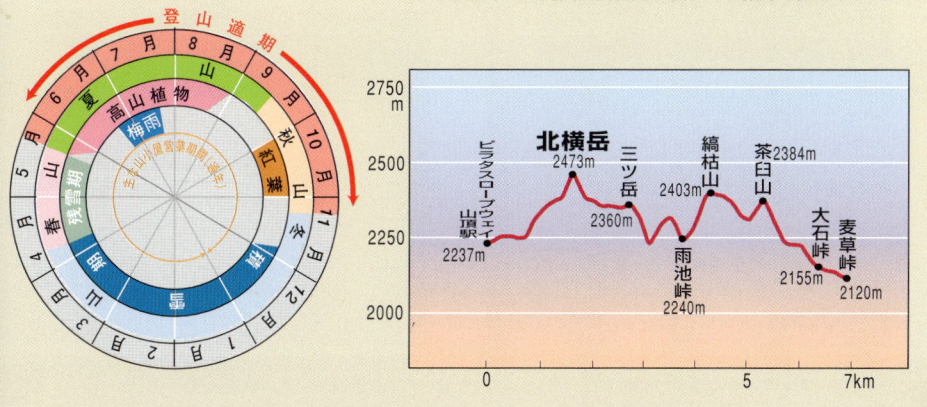

北横岳 2473m
ピラタスロープウェイ山頂駅 2237m
三ツ岳 2360m
雨池峠 2240m
縞枯山 2403m
茶臼山 2384m
大石峠 2155m
麦草峠 2120m

11 坪庭～北横岳～三ツ岳～雨池峠～縞枯山～麦草峠

日帰り　坪庭から横岳、縞枯山、麦草峠へ
MAP ❶P6-7

　JR中央本線茅野駅からピラタスロープウェイ行きの諏訪バスに乗る。終点で下車し、ピラタス横岳ロープウェイに乗り継ぎ、山頂駅で降りる。

　駅舎を出ると広場があり、コースは左と右に分かれる。一方通行なので、坪庭へ行くには左のコースをとる。ちなみに右コースは坪庭の帰りに利用する復路となっている。

　木道を真っすぐ進み、一段上がると坪庭の広大な溶岩台地。右手にベンチの広場があり、展望を楽しむ人は利用するとよい。さらに進むと周遊道路が右にカーブする。その左に分岐の指導標が立ち、北横岳方面に向かって左に折れる。いっ

坪庭は、八ガ岳の中では火山噴出物が比較的新しく、みごとな庭園風景が見られる。背景の山は大岳

たん下って、横岳の山腹を右方向に横切りながら登る。時々、樹間が開け、展望のきくところがある。そのたびに坪庭が低くなっていく。

　トラバースを終えると左に曲がり、木橋とハシゴを越える。三ツ岳との分岐に出て、左へ北横岳を目指す。右のコースはあとで使う道。緩やかに登ると北横岳ヒュッテの前に着く。北横岳ヒュッテはコーヒーがおいしいと登山者から好評だ。宿泊する場合は予約が必要。

　ザックを降ろし、七ツ池を散歩しよ

北横岳ロープウェイのゴンドラは山麓駅から山頂駅へと、美しい森と花の草原を眼下に空中を飛ぶ

北横岳ヒュッテの前。右は七ツ池へ、直進は北横岳への道

山頂駅を出ると広場があり、左に坪庭へのコースをとる。草原の中を木道が坪庭へとのびる

七ツ池の中では最大の池。風がない時は湖面にツガとダケカンバが映え、美しい

北横岳南峰の山頂。砂礫の平らな山頂だが、吹き上げる風が肌に心地よく休憩地によい

う。右にわずかに下ると、浅い池が現れ、ワタスゲが風に揺れている。さらに右に一段下ると水量の多い池がある。

北横岳ヒュッテから北横岳までは、砂礫の道をわずかの距離だ。山頂は南峰と北峰の2峰からなり、どちらの山頂からもみごとな山岳展望が得られる。北方の蓼科山、南方の南八ガ岳が美景である。

交通機関・山小屋問合せ

諏訪バス☎0266-57-3000、諏訪バス茅野駅前案内所☎0266-72-2151、千曲バス☎0267-62-0081、アルピコタクシー☎0266-71-1181、第一交通タクシー☎0266-72-4161、中山タクシー☎0266-72-7181

北横岳ヒュッテ☎090-3140-9702（連絡先☎0266-72-8007）、縞枯山荘☎0266-67-5100、麦草ヒュッテ☎0266-67-2990

北横岳ヒュッテ

アドバイス／Q&A

＊1 ピラタス横岳ロープウェイ山麓駅までマイカーを利用する場合は、中央自動車道を諏訪ICで降り、国道152号線から県道192号線を利用する。駐車場は800台駐車可能。

▲ピラタス横岳ロープウェイ▲

ロープウェイが、大パノラマを見せながら2237mの山頂駅まで運んでくれる

上：山麓駅のロープウェイ乗り場　下：山頂駅

山麓駅と山頂駅を約7分で結ぶ100人乗りゴンドラ

平成3年12月に完成した、北横岳と縞枯山の間にかかる100人乗りのロープウェイ。標高1771mから2237mの山頂駅まで、標高差466m、全長2147mを、約7分で運んでくれる。ロープウェイからは、縞枯山の帯状の縞模様と南八ガ岳の主峰群を南に、北には蓼科山と北横岳が見える。振り返ると、北アルプス、御嶽山、中央アルプス、南アルプスの峰々が屏風を立てたように峻立している。

11 坪庭〜北横岳〜三ツ岳〜雨池峠〜縞枯山〜麦草峠

北横岳南峰山頂からは茅野市街地と、その後方に南アルプス、中央アルプスの山並みが望める

北横岳北峰から望む優美な蓼科山。山姿が美しいので、昔から女神山ともよばれる

　往路を北横岳ヒュッテ下の分岐までたどり、左に三ツ岳方面へ折れる。岩がゴツゴツした路面が続き、クサリやハシゴがかかる1峰を越え、2峰は三ツ岳の最高点だ。距離は短いけれど、エネルギーを消耗する区間である。3峰をクリアーすると右方向に曲がり、雨池山との鞍部に向かって、いっきに高度を落とす。滑りやすいので注意したい。

　草原から森の中を登り、雨池山の立ち枯れた木立の中を進んで雨池峠へ下る。鞍部は分岐となっていて、右は縞枯山荘(しまがれ)が建つ八丁平(はっちょうだいら)から坪庭へ、左は双子池(ふたごいけ)、雨池(あまいけ)への道が分かれる。主稜を直進し、針葉樹の森に入り、急坂を登る。

　ひと汗かくころ、縞枯山に着く。山頂は縞枯れの林の中。道は左に曲がり、その先に展望台がある。岩の重なり合ったところで、樹木はなく、行く手の眺めはなかなかのものだ。こんもりした円錐形の茶臼山(ちゃうすやま)と南八ガ岳の姿がよい。

　右下の鞍部まで下って、茶臼山を登り返す。足に負担のかかる登りだ。茶臼山山頂も展望はなく、右手に入った西方に

坪庭と三ツ岳との分岐。ここは左に折れる。岩稜が続くので足運びは慎重に

最初に現れる三ツ岳の第3ピーク。クサリやハシゴで越えるスリリングな登りが続く

三ツ岳は第2ピークが最高点。岩の累積が延々と続く山頂である。この先でもう一峰越える

縞枯山展望台から行く手を望む。円錐形の茶臼山の左に麦草峠が見える。背景は南八ガ岳

展望の開けた岩頭がある。縞枯山の縞枯れ現象が手にとるように見え、緑色と白の帯が山肌に交互に模様を描き、自然という芸術家の作品に驚かされる。

　茶臼山は、北八ガ岳火山列のほぼ中央に位置し、名の通り、形の整った小円錐形の火山である。頂上部には、直径30mほどの、周囲より低い窪地があり、火口跡をとどめている。また、山頂の北東側下部には、地獄谷(じごくだに)とよばれる小さな火口跡も認められ、それによって、茶臼山は前後2回の溶岩噴出期を経て形成されたと考えられている。

　主稜にもどり、一直線状に急斜面を急

雨池山山頂は針葉樹の中。展望はない

中小場から麦草峠までの最後の下り

下降すると中小場(なかこば)。ここも展望に優れ、来し方の茶臼山が整った山姿で座り、美しい縞枯模様を描いている。行く手の麦草(むぎくさ)峠も視野に入り、天狗岳が遠くに望めて至福にひたれる。

　緩やかな道を下り、左に大石峠(おおいしとうげ)の指導標を見送り、茶水池(ちゃすいいけ)が現れると、国道299号線の麦草峠だ。バス停は麦草ヒュッテの前にあり、諏訪側の茅野駅、佐久側の八千穂駅へのバスが利用できる。

アドバイス／Q&A

Q 横岳ロープウェイの山頂駅から坪庭へ一段上がった展望台からの展望は？

三ツ岳の縦走路

A 山頂駅の彼方に右から中央アルプス、御嶽山、南アルプスが望める。東方に目を移すと、三ツ岳と雨池山が溶岩台地の背景に見える。

Q 三ツ岳をパスする方法は？

A 岩稜と岩場が続く三ツ岳の通過に不安な人は、無理をすることはない。坪庭まで往路をたどり、一方通行にしたがって進むと下りになり、木道に出る。右に行くと山頂駅なので、ここは左に折れる。八丁平に入り、縞枯山荘を見送ると雨池峠に着く。ここで本コースに合流する。

129

12 MAP 1 P6-7

蓼科山 ▶ 双子池 ▶ 亀甲池 ▶ 天祥寺原 ▶ 竜源橋

1泊2日
- 技術度
- 体力度
- 危険度

レーダーチャート：
- 日程（日帰り／1泊2日／2泊3日／3泊4日）
- 距離
- 累積標高差
- コース状況（不良／やや不良／良好）
- 危険度（危険箇所少ない／やや危険／クサリ ハシゴ 雪渓など 危険）

八ガ岳最北端の美しい山姿の蓼科山に登り、森と湖を訪ねる山旅

第❶日＝蓼科山登山口〜蓼科山〜蓼科山荘
第❷日＝蓼科山荘〜大河原峠〜双子池〜
　　　　亀甲池〜天祥寺原〜竜源橋

● **歩行距離**
第1日＝3.5km
第2日＝9.5km
総　計＝13.0km

● **標高差**
標高差＝810m
（登山口〜蓼科山）
累積標高差
第1日＝＋808m
　　　　－180m
第2日＝＋247m
　　　　－951m
総　計＝＋1055m
　　　　－1131m

● **2万5000図**
蓼科
蓼科山

参考コースタイム

第1日
JR中央本線 茅野駅
🚌諏訪バス 50分
蓼科山登山口
👟2時間30分
蓼科山
👟35分
将軍平
第1日歩行時間 3時間5分

第2日
将軍平
👟45分
大河原峠
👟35分
双子山
👟35分
双子池
👟40分
亀甲池
👟25分
天祥寺原・亀甲池分岐
👟20分
蓼科山分岐
👟1時間15分
竜源橋
🚌諏訪バス 50分
JR茅野駅
第2日歩行時間 4時間35分

コース・プランニング

コニーデ型の蓼科山へは、さまざまなコースがある。ここでは正道を登り、双子池と亀甲池をめぐる周回コースとした。
● **季節**　花はそれほど多くないので、雨期、あるいは8月の中旬以後がおすすめ。
● **服装**　Tシャツ、トレッキングシューズ、帽子、長袖シャツ、長ズボン。
● **必携用具**　水筒、ストック、サングラス、雨具、ザックカバー、手ぬぐい、ナイロン袋。

エメラルドグリーンの水をたたえる双子池。上の池は雌池で、雌池から左にのびるコースは亀甲池方面の道。下の池は雄池。深い森に囲まれた神秘的な池である

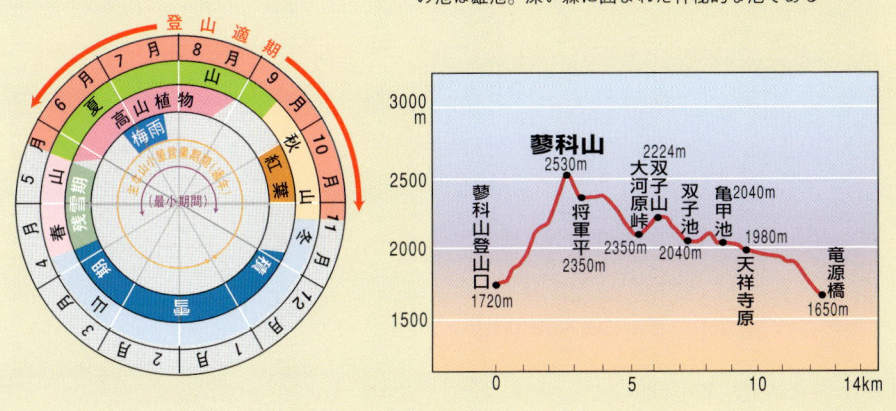

蓼科山 2530m
将軍平 2350m
大河原峠 2350m
双子山 2224m
双子池 2040m
亀甲池 2040m
天祥寺原 1980m
竜源橋 1650m
蓼科山登山口 1720m

蓼科山〜双子池〜亀甲池〜天祥寺原〜竜源橋

第1日 蓼科山に登り将軍平へ
MAP ①P6-7

　JR中央本線茅野駅から諏訪バスに乗り、蓼科山登山口バス停で下車する。マイカーは北側の駐車場が利用できる。
　バス停前にある女乃神茶屋を背に、登山道へ入る。大きなダケカンバを左に見て、クマザサの茂る道を坦々と進む。緩やかな道で、足と心臓のアイドリングには好都合だ。周囲に点在するシラカバやダケカンバが、クマザサとみごとにマッ

下り・・ほぼ中間地点の展望台。樹間が開け、来し方行く手が望める
左・・蓼科山登山口バス停。ここから蓼科山を目指して登りはじめる。駐車場はこの左側

蓼科山山頂。7月末までは中学生が集団登山で登る。背後には浅間山が見えている

チングして美しい。
　10分ほどで、木の根が張り出し、石がゴロゴロした坂道となる。それもつかの間、再び緩やかで凹凸の少ない路面になり、指導標を左に見送る。クマザサとカラマツの整然とした森の中だ。
　しばらく行くと道幅は広くなり、風景が一変する。針葉樹にダケカンバが混生する森である。路面もいつの間にか岩が散在してくる。やがて振り返ると展望がきき、だいぶ登ったことが実感できる。
　幅広の道を、相変わらず岩のゴツゴツ

縞枯れ現象の中は、森林帯最後の登りの区間。急登が続く

森林帯を抜けると溶岩の岩塊斜面が待っている。黄色いペンキの矢印が山頂へ導いてくれる

山頂の広大な火口跡のほぼ真ん中に蓼科神社奥宮が建っている。鳥居もある

した地面を踏んで、急登に汗をかく。前山の山頂に着き、わずかに下ると、急登に拍車がかかる区間が続く。シラビソの立ち枯れた林に入ると森林限界は近い。

将軍平に建つ蓼科山荘。十字路になっていることもあり、多くの人が利用する山小屋

交通機関・山小屋問合せ

諏訪バス☎0266-57-3000、諏訪バス茅野駅前案内所☎0266-72-2151、アルピコタクシー☎0266-71-1181、第一交通タクシー☎0266-72-4161、中山タクシー☎0266-72-7181　蓼科山荘☎0266-72-3613、蓼科山頂ヒュッテ☎090-7258-1855（現地）（連絡先☎0492-66-9264）、双子池ヒュッテ☎0267-88-4566、女乃神茶屋☎0266-67-3717（現地）（連絡先☎0266-78-2166）

蓼科山登山口の駐車場

下山口の竜源橋駐車場

登山口の女乃神茶屋

蓼科山頂ヒュッテ

アドバイス／Q&A

＊1　蓼科山登山口までマイカーを利用する場合、中央自動車道を諏訪ICで降り、国道152号線から県道192号線を利用し、すずらん峠へ。駐車場は車道を隔てた東西にあり、東側の方が広く、トイレもある。駐車台数は合計45台。

＊2　登山口に建つ女乃神茶屋は、両角貫一さんが経営する休憩茶屋だが、予約すれば登山者も宿泊できる。車道に面し、立地条件がよいこともあって、観光客も立ち寄る。蓼科山を東に、八子ヶ峰を西に仰ぐ清閑な店内は、窓を開ければ涼やかな風が吹き渡り、周囲の木立の風情もいい。ご主人手打ちのソバもおすすめ。

女乃神茶屋の主人・両角貫一さん

将軍平から大河原峠の間にある分岐。左へ赤谷の道が分かれる。ここは右に折れる

双子山山頂は南北に長い平らな山頂。ここから双子池までは下りが続く

大河原峠の前は車道が広く、60台の駐車スペースがある。佐久側に展望が開けている

蓼科山頂ヒュッテを右に見送り、山頂の東端から将軍平へと岩塊の斜面をかけ下る。途中から森の中を下るようになるが、急斜面の下降が将軍平まで続く。下りきると右に蓼科山荘が建っている。

大河原峠に建つ大河原ヒュッテ。蓼科山、天祥寺原、双子山へのコースがそれぞれのびる

第2日 双子池、亀甲池を巡って竜源橋へ
MAP ①P6-7

　2度目の縞枯れ帯を抜けると、目の前がぱっと開ける。1〜5mもある溶岩が折り重なる斜面だ。登るほどに斜度は増し、やがて山腹を右に巻くようになると、いっきに斜度が落ち、左に蓼科山山頂が見えてくる。山頂は真ん中が窪んでいて、火口跡がはっきりと確認できる。かなり広い山頂なので、一周するのはたいへんだ。西側に山岳展望を記した方位盤がある。

　蓼科山荘の前から望む朝の蓼科山は特筆ものだ。朝食の前、ご来光遥拝のために蓼科山に登るもよし、山荘前から朱色に染まる蓼科山を眺めるのもよい。

　そもそも蓼科山は、古代人の憧憬の対象であったに違いない。蓼科山に登るのではなく、蓼科山を神格化し、蓼科山の自然の恵みに感謝しつつ、蓼科山を崇敬する日々の生活がなり立っていたと思われる。これを証明する、注目すべき事実を探ってみよう。

　蓼科山の山麓一帯では、大小の遺跡が発掘され、おびただしい数の土器や石

双子池の雌池。右に約100mほど行くとキャンプ指定地がある。半周できる

蓼科山～双子池～亀甲池～天祥寺原～竜源橋

器、祭祀用具が出土している。黒曜石の原産地を近くにもつこの地域は、蓼科山の豊かな湧水の恩恵も受け、縄文期以前にすでに集落が存在し、黒曜石文化が華開く弥生時代にいたるまで、隆盛が続いた。これは尖石考古館を中心とした研究調査で明らかになっている。いまでも蓼科山の周辺市町村の人々は、蓼科山を「諏訪富士」とよんで、特別な目で眺めているという。

そんなことを考えながら蓼科山を眺めてみると、心の奥深くから突き上げる美の象徴とでもいえる感動がわいてくる。

話をコースにもどそう。将軍平からは、北へ蓼科牧場、南へ天祥寺原の道を分け、大河原峠方面へ直進する。立ち枯れの林を抜け、前掛山経由の赤谷の道を左に分け、針葉樹の低木帯を下る。

北横岳北側直下の亀甲池。それほど水深はないが、周囲の山を湖面に映す姿は美しい

ガレた岩の道をさらに下ると大河原峠に着く。大河原ヒュッテの前を通り、双子山を目指して、カラマツとクマザサの斜面をひと登りし、双子山北端に出る。丘状の山頂を南下し、再びカラマツの道を双子池ヒュッテまで下る。下り着くと雄池が左に、雌池が右に見える。雄池の対岸には大岳がそびえている。

蓼科山山頂 ◆ パノラマ展望

南

硫黄岳　横岳　赤岳　中岳　阿弥陀岳　権現岳　編笠山　西岳　櫛形山　薬師岳

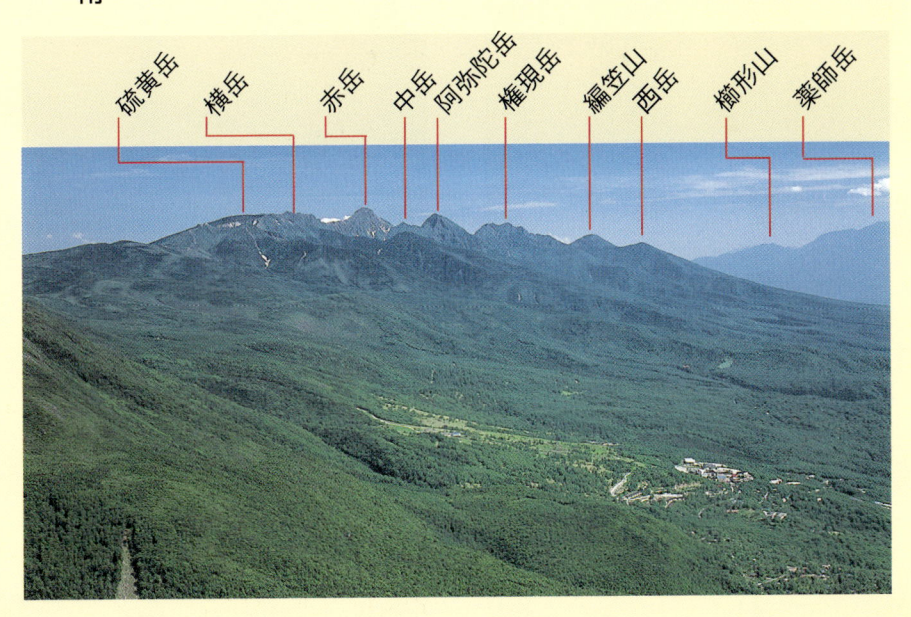

雌池方面に進み、その西畔に出ると、わずかばかりだが砂浜が広がる。亀甲池を目指し、右手の森に入ると、苔が一面に覆いつくすシラビソの森となる。まるでアニメ映画「もののけ姫」の一場面に出てくるような森が開けている。

下りにかかると亀甲池が見えてくる。南方には北横岳が亀甲池を見下ろし、北畔にはダケカンバの巨木が立つ。小粒な池ながら、幽玄さが漂っている。西側に休憩によい広場がある。

左に北横岳からの道を合わせ、天祥寺

天祥寺原からの蓼科山。クマザサの原に風が吹き、端正な山姿を眺めての休憩はおつなもの

原方面に進む。針葉樹の森を抜けると、開けたクマザサの道に変わり、大型の花を見つつ、緩やかに下る。

蓼科山が視野に入り、滝ノ湯川の源流を渡ると天祥寺原。大河原峠への道を右に分け、左に折れてクマザサの茂る笹原を下る。少し先で、将軍平からの道を右に合わせ、滝ノ湯川に沿って進む。急な下降路に変わると竜源橋は近い。

竜源橋からは、バスを待つか、時間が合わなければプール平まで歩くことにしよう。約1時間の距離だ。マイカーの人は、蓼科山登山口の駐車場まで車道を右に約1km上がる。

天祥寺原からはクマザサの中を緩やかに竜源橋まで下る。のんびり行こう

林道に出るとすぐ下が竜源橋バス停だ。林道を右に行ってもいいし、突っ切ってもいい

アドバイス／Q&A

＊3 蓼科山荘と蓼科山頂ヒュッテは、ともに新しい息吹を感じる山小屋に生まれ変わった。まるで清里や軽井沢の街路にある粋な店を山の上にもってきたような雰囲気だ。コーヒーはもちろんのこと、高原牛乳やかき氷、さまざまなしゃれたお土産まで用意されている。宿泊の料理も好評。

蓼科山頂ヒュッテの主人・米川喜明さん

＊4 双子池ヒュッテは平成7年に新しく建て替えられた。以前の山荘らしい面影の建築物ではないが、オーナーの井出善生さんは、トイレに気を配る徹底した人。

双子池ヒュッテの主人・井出善生さん

Q 双子池の生い立ちは？
A もともとひとつの池であったが、北横岳の側火口溶岩の流出によって、現在のように二分された。

Q 亀甲池の由来は？
A 清水が湧きだして溜まった池。湖底に美しい模様の亀甲状の砂礫があることからこの名がつけられた。

Q 下山後に日帰り温泉はある？
A 徒歩で約1時間下ったプール平バス停のそばに公衆浴場がある。

高原リゾートに囲まれた蓼科山をめぐるハイキング・コース

MAP 1 P6-7

将軍平〜天祥寺原（所要約1時間）

⑫コースの行程をショートカットしたり、エスケープする際に利用価値が高い。また、大河原峠から将軍平を経て蓼科山に登り、将軍平から天祥寺原を経て大河原峠に周回するにも役立つ。

蓼科山荘の前が将軍平の分岐点で、十字路を南方へ天祥寺原方面に入る。背丈の低い針葉樹の中の少々狭い道の下りが続き、急下降の後、荒涼とした涸れ沢に出る。北横岳が展望できるようになって、針葉樹の中に入ると展望は途絶える。クマザサの草原に出ると展望は再び得られ、天祥寺原は近い。

蓼科山を背に天祥寺原のクマザサの草原を行く

7合目〜将軍平（所要約1時間20分）

蓼科山に登る最短コースとして、大河原峠からの道とともに脚光を浴びている人気コース。アクセスはタクシーかマイカーを利用。駐車場は登山口に15台。少し下の広場に70台と、大型車も駐車可能。

駐車場の前が登山口で、木製の鳥居をくぐり、やさしい登りの後、しだいに急登がはじまる。小石がザラザラとした広い道になると、女神湖が遠くに望め、来し方の展望がよくなる。ダケカンバが目立つようになると将軍平までわずか。

上：7合目から将軍平の途中、広々とした道を登る
下：7合目登山口。駐車場を背に鳥居をくぐる

蓼科牧場からゴンドラを利用して（所要約1時間40分）

蓼科牧場まではJR茅野駅からバスが利用できる。白樺高原国際スキー場のゴンドラリフトに乗れば、約5分で御泉水自然園まで上がれる。御泉水自然園はうっそうとした森の中に約300種の高山植物が自生する。ここは時間があれば鑑賞をおすすめする。出口から夢ノ平線の有料舗装車道に出るが、御泉水自然園をパスする人は、リフトを降り、御泉水自然園への道を左に分け、右に進む。夢ノ平線でどちらのコースともいっしょとなり、登山道を7合目まで登る。

蓼科牧場にかかるゴンドラリフト。後方は蓼科山

おすすめ 津野祐次の 山の温泉

八ヶ岳は火山によってできた山塊のため、山中や山麓のいたるところに良質の温泉が湧出する。この温泉を引湯した諏訪側の茅野市、富士見町、原村、それに佐久側の高根町、大泉村、南牧村などに日帰り入浴施設がたくさんある。泉質がよく、しかも施設が充実したイチオシの温泉を紹介しよう。

本沢温泉
MAP②右上

八ヶ岳では火山の歴史が特に新しい硫黄岳の北側直下にある温泉。湯元本沢温泉という名の山小屋が管理する日本最高所の露天風呂。硫黄泉。500円。無休。混浴なので女性は水着を持参した方がよい。硫黄岳の爆裂火口壁を眺めながらの入浴は格別。この露天風呂に入浴するために、わざわざ登山する人もいる。☎0266-72-3260

八ヶ岳温泉　もみの湯　原村
広域図＝中下

JR茅野駅〜美濃戸口のバス路線の途中、樅の木バス停の前にある。天然温泉の大浴場、露天風呂、サウナ、休憩所などがある。10時〜21時30分（7/20〜9/20は30分延長）。第1・第3水曜（祝日の場合は翌日）休館。500円。☎0266-74-2911

清里温泉　天女の湯　高根町
広域図＝右下

清里駅から国道141号線に出て南下し、丘の公園入口の看板を見て右折。公園内にアクアリゾート清里（天女の湯）がある。温泉プール、展望風呂、露天風呂などがあり、レストランには格安なメニューも。10〜21時。無休。入浴のみ750円。☎0551-48-5551

尖石温泉　縄文の湯　茅野市
広域図＝中央

茅野駅から諏訪バス尖石・渋の湯線の縄文の湯前バス停下車。バス停の前にある。2000年10月開湯。大浴場と露天風呂を完備。食堂のめん類は300円台で格安。観光客や地元の人でにぎわう。9〜21時。毎週月曜定休。400円。☎0266-71-6080

河原温泉　河原の湯　茅野市
広域図＝中央

茅野駅から諏訪バスの上槻ノ木行き泉野小学校前バス停下車。徒歩約5分。天然泉を豊富にたたえる浴室を中心に、サウナや休憩室を設備。泡風呂は好評。泉温は高めで気持ちよい。食堂も隣接する。9～21時。毎週木曜休館。☎0266-79-6162

八ガ岳海尻温泉　灯明の湯　南牧村
広域図＝右中

国道141号線上の湯川橋から西へ800mほどの場所。硫黄岳を源流とする湯川の下流に湧き出す温泉。内湯、露天風呂、サウナ、桶風呂、郷土料理がおいしい食事処、休憩室、売店がある。10～21時。800円。第2・第4火曜定休。☎0267-91-4111

八峯苑　鹿の湯　富士見町
広域図＝中下

八ガ岳西麓・鉢巻道路沿線の富士見高原の一角にある。ホテル八峯苑内の天然温泉が日帰り入浴施設として利用できる。大浴場、泡風呂、ジェットバス、サウナ、露天風呂、レストラン、売店など。10時～21時40分。500円。無休。☎0266-66-2131

泉温泉健康センター　大泉村
広域図＝右下

最寄り駅は甲斐小泉駅。大泉村役場の近くにある大泉村営の温泉施設。神経痛や肩こりに効能。大浴場、サウナ、休憩室などを設置。パターゴルフ場も併設している。10～21時。800円（17時以後は半額）。水曜、祝日の翌日は定休。☎0551-38-2611

蓼科温泉　石遊の湯　茅野市
広域図＝中央

ＪＲ茅野駅から麦草峠方面行きで、鉄山入口バス停下車。徒歩約20分。岩石を配置させた露天風呂専門の天然温泉。施設の前に清流が流れ、緑豊かな環境がよい。女湯にはシャワー室あり。8～22時。第1・3水曜定休。500円。☎0266-77-2386

プール平公衆浴場　茅野市
広域図＝中央

ＪＲ茅野駅から蓼科山方面行きプール平バス停下車。西へ50mほど入る。蓼科温泉郷の一角にあり、温泉を引湯した公衆浴場。9時～20時30分。400円。無休。主に蓼科山を登山した登山者が多く利用している。☎0266-67-2100
(東洋観光事業KK)

八ガ岳・北八ガ岳・蓼科山 データ・ファイル

●営業山小屋・宿泊施設●

■南八ガ岳

名称	収容	開設期間	現地電話	連絡先電話	氏名(会社名)
青年小屋	150人	4/下～11/上	☎090-2657-9720	☎0551-36-2251	竹内敬一
権現小屋	50人	4/下～11/上	☎090-2657-9720	☎0551-36-2251	竹内敬一
キレット小屋	100人	7/中～8/下		☎0467-87-0549	原田茂
観音平グリーンロッジ	80人	4/下～11/上	☎0551-36-3333	☎0551-36-3125	小淵沢町教育委員会
ロッジ山旅	24人	通年		☎0551-20-5634	長沢洋
太陽館	35人	通年		☎0266-74-2285	柳沢太平
八ヶ岳山荘	50人	通年	☎0266-74-2728	☎0266-58-7220	藤森周二
美濃戸高原ロッジ	20人	通年		☎0266-74-2102	田中敏夫
美濃戸山荘	100人	通年(11月～3月は週末のみ)	☎0266-74-2270	☎0266-58-7220	藤森周二
美濃戸高原 やまのこ村	50人	通年	☎0266-74-2274	☎0467-87-0549	原田茂
赤岳山荘	130人	通年	☎0266-74-2272	☎0266-27-2077	高野裕夫
赤岳鉱泉	250人	通年	☎0266-72-3939	☎0266-74-2285	太陽館　柳沢太平
行者小屋	200人	4/上～1/15		☎0266-74-2285	太陽館　柳沢太平
赤岳天望荘	350人	4/28～11/24		☎0266-58-7220	藤森周二
赤岳頂上小屋	300人	4/下～11/上、年末年始	☎090-2214-7255	☎0467-87-0549	原田茂
硫黄岳山荘	300人	4/20～11/25、12/30～1/4	☎090-3142-8469	☎0266-73-6673	浦野岳孝

■北八ガ岳・蓼科山

名称	収容	開設期間	現地電話	連絡先電話	氏名(会社名)
ヒュッテ夏沢	300人	6/3～9/24		☎0266-58-7220	藤森周二
山びこ荘	40人	4/下～11/上、年末年始		☎0266-72-3260,3238	原田雅文
オーレン小屋	300人	4/26～11/4	☎090-1549-0599	☎0266-72-1279	(有)コダイラ
夏沢鉱泉	50人	4/20～11/25、12/30～1/6	☎090-4158-4545	☎0266-73-6673	浦野岳孝
湯元本沢温泉	170人	通年	☎090-3140-7312	☎0266-72-3260,3238	原田雅文
稲子湯旅館	80人	通年 年数回不定休あり		☎0267-93-2262	原田眞琴
稲子小屋	30人	4/29～5/10、7/20～9/20		☎0267-93-2008	井出賢三
しらびそ小屋	60人	通年	☎090-4739-5255	☎0267-96-2165	今井行雄
清里ユースホステル	50人	通年		☎0551-48-2125	渡辺勇一
清泉寮	200人	通年　冬期休館あり(不定)		☎0551-48-2111	(財)キープ協会
町営美し森たかね荘	60人	通年		☎0551-48-2311	
八千穂高原駒出池キャンプ場	1000人	4/下～10/下	☎0267-88-2569	☎0267-88-3868	八千穂村役場観光課
ロッヂ八ヶ嶺	55人	通年		☎0267-88-2567	上原雄二
高原旅館　野辺山荘	80人	通年		☎0267-98-2027	
湯元ホテル和泉館	150人	通年		☎0267-96-2106	
明治温泉	80人	通年		☎0266-67-2660	
渋・辰野館	80人	通年		☎0266-67-2128	
渋ノ湯ホテル	60人	4/25～11/7		☎0266-67-2732	
渋御殿場＜国＞	140人	通年		☎0266-67-2733	
唐沢鉱泉	150人	4/下～1/10		☎0266-76-2525	両角岩男
根石山荘	100人	4/21～11/11、12/30～1/4	☎090-4158-4544	☎0266-73-6673	浦野岳孝
黒百合ヒュッテ	250人	通年	☎090-2533-0620	☎0266-72-3613	米川正利
高見石小屋	150人	通年		☎0467-87-0549	原田茂
麦草ヒュッテ	200人	通年	☎0266-67-2990	☎0266-78-2231	島立博
青苔荘	200人	通年	☎090-1423-2725	☎0267-88-2082	山浦清
白駒荘	300人	4/25～11/下、12/26～1/7	☎090-1549-0605	☎0266-78-2029	辰野廣吉
北横岳ヒュッテ	50人	通年(予約のない日は閉鎖)	☎090-3140-9702	☎0266-72-8007	島立久光
縞枯山荘	80人	通年		☎0266-67-5100	嶋 義明
双子池ヒュッテ	100人	4/下～11/23		☎0267-88-4566	井出善生
大河原ヒュッテ	50人	通年	☎090-3558-5225	☎0266-79-5494	田中光彦
蓼科山荘	40人	4/下～11/上		☎0266-72-3613	米川正利
蓼科山頂ヒュッテ	70人	4/下～11/上(期間外は要予約)	☎090-7258-1855	☎0492-66-9264	米川喜明
もちづき荘＜国＞	137人	1/2～12/30		☎0267-52-2515	
ヒュッテ・アルビレオ	20人	4/下～11/上	☎090-7941-9089	☎0266-77-2930	梶栄太郎
蓼泉閣＜国＞	110人	通年		☎0267-55-6600	
ロッジ・グランシャルモ	26人	通年		☎0267-55-6255	
白樺湖ユースホステル	70人	通年 (5月中旬10日間休館あり)		☎0266-68-2031	
樺ヶ沢温泉	50人	通年		☎0267-55-6304	波岡五郎

●キャンプ指定地●

名称	場所	水場	標高(m)	設営数	幕営料(円/1人)	問合せ
編笠山	青年小屋付近	湧水	2380	30	500	青年小屋
キレット	キレット小屋付近	流水	2450	15	500	キレット小屋
赤岳鉱泉	赤岳鉱泉付近	給水施設	2340	300	500	赤岳鉱泉
行者小屋	行者小屋付近	給水施設	2400	200	500	赤岳鉱泉
オーレン	オーレン小屋前	湧水	2330	30	500	オーレン小屋
黒百合平	黒百合ヒュッテ付近	融雪水	2400	50	500	黒百合ヒュッテ
本沢温泉	本沢温泉付近	流水	2100	25	500	湯元本沢温泉
ミドリ池	しらびそ小屋の稲子湯側	小屋	2097	10	500	しらびそ小屋
白駒池	青苔荘付近	給水施設	2115	60	650	青苔荘
双子池	双子池雄池畔	雄池、ヒュッテ	2030	30	500	双子池ヒュッテ

●市町村役場●

茅野市役所	〒391-8501	長野県茅野市塚原2-6-1	☎0266-72-2101
小淵沢町役場	〒408-8555	山梨県北巨摩郡小淵沢町835	☎0551-36-2111
原村役場	〒391-0192	長野県諏訪郡原村6549-1	☎0266-79-2111
下諏訪町役場	〒393-8501	長野県諏訪郡下諏訪町4613-8	☎0266-27-1111
高根町役場	〒408-8511	山梨県北巨摩郡高根町村山北割3261	☎0551-47-3111
小海町役場	〒384-1192	長野県南佐久郡小海町豊里107-1	☎0267-92-2525
大泉村役場	〒409-1502	山梨県北巨摩郡大泉村谷戸3025	☎0551-38-1111
南牧村役場	〒384-1302	長野県南佐久郡南牧村海ノ口1051	☎0267-96-2211
望月町役場	〒384-2202	長野県佐久郡望月町望月263	☎0267-53-3111
立科町役場	〒384-2305	長野県北佐久郡立科町芦田2532	☎0267-56-2311
八千穂村役場	〒384-0798	長野県南佐久郡八千穂村畑164	☎0267-88-2525

●交通機関（バス・鉄道）●

路線名	会社名	問合せ電話	路線名	会社名	問合せ電話
茅野駅—美濃戸口	諏訪バス	☎0266-57-3000	清里駅—美ノ森	清里サービスセンター	☎0551-48-2000
渋ノ湯	諏訪バス	☎0266-57-3000	松原湖駅—稲子湯	小海町営バス	☎0267-92-2525
蓼科山登山口	諏訪バス	☎0266-57-3000	八千穂高原駅—麦草峠	千曲バス	☎0267-62-0081
ピラタス横岳ロープウェイ		☎0266-67-2009			

●交通機関（タクシー）●

駅名	会社名	問合せ電話	駅名	会社名	問合せ電話
茅野駅	アルピコタクシー	☎0266-71-1181	富士見駅	八ガ岳観光タクシー	☎0266-64-2004
	中山タクシー	☎0266-72-7181	甲斐大泉駅	長坂タクシー	☎0551-38-2255
	第一交通	☎0266-72-4161	清里駅	清里観光タクシー	☎0551-48-2021
小淵沢駅	小淵沢タクシー	☎0551-36-2525	野辺山駅	野辺山観光タクシー	☎0267-98-2878
	大泉観光タクシー	☎0551-36-5411	小海駅	小海タクシー	☎0267-92-2133
	アルピコタクシー	☎0266-54-0181	八千穂駅	八千穂タクシー	☎0267-88-2064

●八ガ岳関連URL●

赤岳頂上小屋ホームページ	http://www.yatsu-akadake.com/chojo-k.html
赤岳天望荘	http://member.nifty.ne.jp/yatsugatake/
赤岳鉱泉・行者小屋・太陽館	http://www.alles.or.jp/~akadake/annai/annai.html
キレット小屋ホームページ	http://www.yatsu-akadake.com/kiretto-k.html
観音平グリーンロッジ	http://www.kobuchisawa.ed.jp/sisetusab/sub3.htm
美濃戸高原やまのこ村	http://www.yatsu-akadake.com/noko-k-w.html
i-美濃戸山荘	http://www.026.co.jp/i/mont/lodge/minoto.htm
夏沢鉱泉	http://www.alles.or.jp/~iou/newpage4.htm
オーレン小屋	http://www.tk3.speed.co.jp/phiko/
i-ヒュッテ夏沢	http://www.026.co.jp/i/mont/lodge/natsusawa.htm
山びこ荘	http://www.yatsu-akadake.com/biko-k.html
黒百合ヒュッテ＆蓼科山荘	http://www.alles.or.jp/~kitayatu/top.html
根石山荘	http://www.alles.or.jp/~iou/newpage3.htm
高見石小屋ホームページ	http://www.yatsu-akadake.com/takami-k.html
縞枯山荘	http://www.lcv.ne.jp/~simagare
蓼科山頂ヒュッテ	http://www.tateshinayama.com/
本沢温泉	http://www.yatsu-akadake.com/honzawa-k.html
稲子湯温泉	http://www.onsen.ab.psiweb.com/nagano/inagoyu.htm
高根町営美し森たかね荘	http://www.yatsu.gr.jp/tkn/syoukai/info4.html
明治温泉旅館	http://shinshu.online.co.jp/resort/meiji/top.htm
渋・辰野館	http://www1.ocn.ne.jp/~sib-tatu/
渋御殿湯	http://www3.ocn.ne.jp/~gotenyu/
茅野市観光連盟	http://www.tateshinakougen.gr.jp/
八ガ岳モード～八ガ岳検索サイト	http://www.1188web.com/
信州山岳ガイド	http://www.shinmai.co.jp/kanko/yama/
長野県警ホームページ	http://www.avis.ne.jp/~police/

赤岳山頂からの山岳展望図

佐古清隆＝図と解説

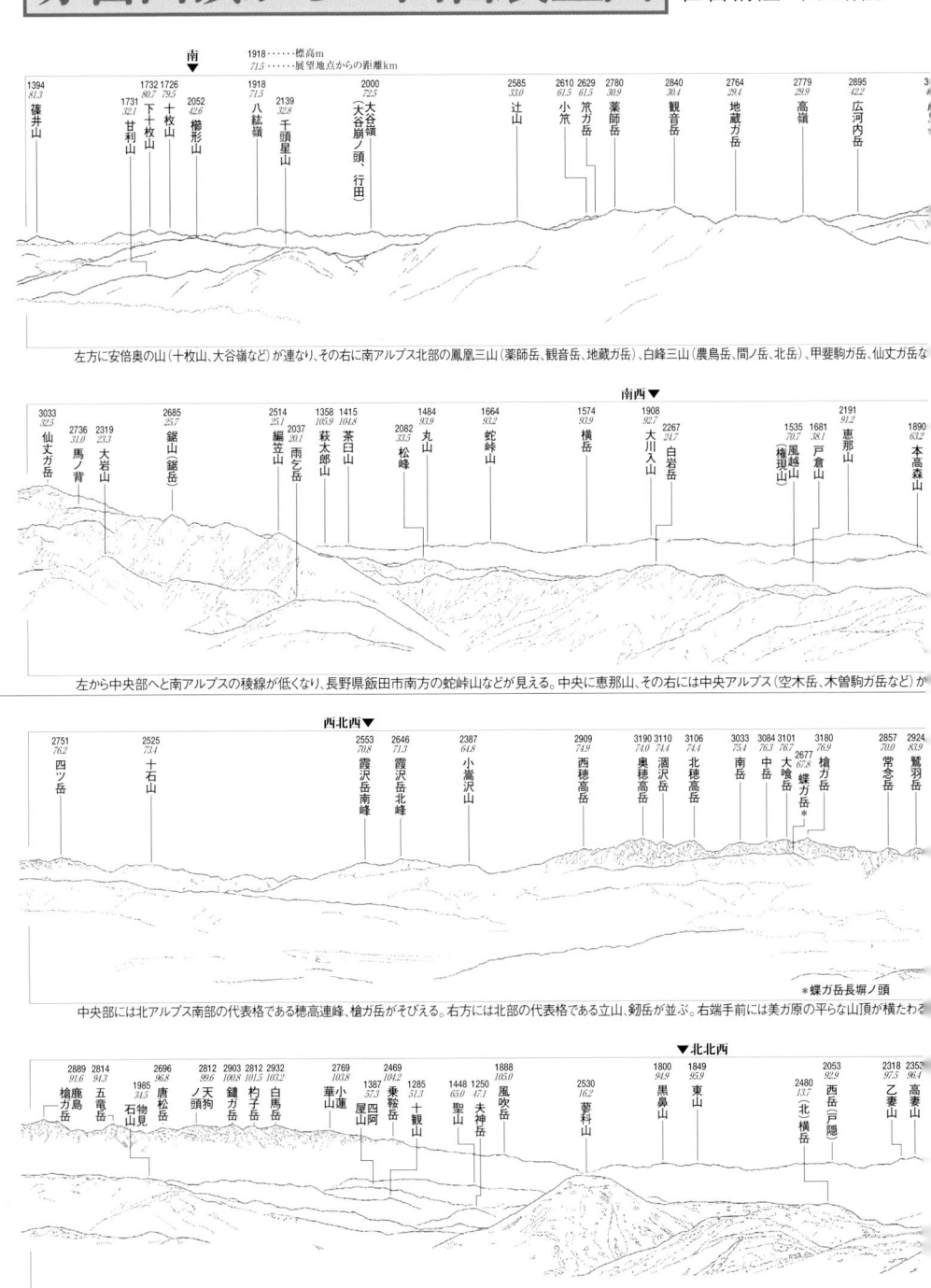

南 ▼

1918 ……標高m
71.5 ……展望地点からの距離km

山名	標高	距離
篠井山	1394	81.3
甘利山	1731	32.1
下十枚山	1732	80.7
十枚山	1726	79.5
櫛形山	2052	42.6
八紘嶺	1918	71.5
千頭星山	2139	32.8
大谷嶺（大谷崩ノ頭、行田）	2000	72.5
辻山	2585	33.0
小det	2610	61.5
薬師岳	2780	30.9
観音岳	2840	30.4
地蔵ガ岳	2764	29.4
高嶺	2779	29.9
広河内岳	2895	42.2

左方に安倍奥の山（十枚山、大谷嶺など）が連なり、その右に南アルプス北部の鳳凰三山（薬師岳、観音岳、地蔵ガ岳）、白峰三山（農鳥岳、間ノ岳、北岳）、甲斐駒ガ岳、仙丈ガ岳な

南西 ▼

山名	標高	距離
仙丈ガ岳	3033	32.5
馬ノ背	2736	31.0
大岩山	2319	23.3
鋸山（鋸岳）	2685	25.7
編笠山	2514	25.1
雨乞岳	2037	20.1
萩太郎山	1358	105.9
茶臼山	1415	104.8
松峰	2082	33.5
丸山	1484	93.9
蛇峠山	1664	93.9
横岳	1574	93.9
大川入山	1908	92.7
白岩岳	2267	24.7
戸倉山	1681	76.7
鳳凰山（権現山）	1535	70.7
恵那山	2191	91.2
本高森山	1890	63.2

左から中央部へと南アルプスの稜線が低くなり、長野県飯田市南方の蛇峠山などが見える。中央に恵那山、その右には中央アルプス（空木岳、木曽駒ガ岳など）が

西北西 ▼

山名	標高	距離
四ツ岳	2751	76.2
十石山	2525	73.4
霞沢岳南峰	2553	71.3
霞沢岳北峰	2646	71.3
小嵩沢山	2387	64.8
西穂高岳	2909	74.9
奥穂高岳	3190	74.0
涸沢岳	3110	74.4
北穂高岳	3106	74.4
南岳	3033	78.6
中岳	3084	76.3
大喰岳	3101	76.7
蝶ガ岳 *	2677	67.8
槍ガ岳	3180	76.9
常念岳	2857	70.0
鷲羽岳	2924	83.9

*蝶ガ岳長塀ノ頭

中央部には北アルプス南部の代表格である穂高連峰、槍ガ岳がそびえる。右方には北部の代表格である立山、剱岳が並ぶ。右端手前には美ガ原の平らな山頂が横たわる

北北西 ▼

山名	標高	距離
檜鹿島岳	2889	91.6
五竜岳	2814	94.3
石物見	1985	31.5
唐松岳	2696	96.8
ノ天狗	2812	98.6
杓子岳	2903	100.8
白馬岳	2812	101.5
鑓ガ岳	2932	103.2
四阿山	2769	103.8
華山	1387	57.3
小蓮華山	2769	104.2
乗鞍岳	2469	51.3
屋山	1285	65.0
十観山	1448	47.1
聖山	1250	70.7
夫神山	1888	105.0
風吹山	1888	105.0
蓼科山	2530	16.2
黒鼻山	1800	94.9
東山	1849	95.9
西岳（北横岳）	2053	92.9
乙妻山	2318	97.5
高妻山	2353	96.4
北横岳	2480	13.7

左方には後立山連峰（鹿島槍ガ岳、白馬岳など）が並ぶ。その右にはこんもりとした蓼科山がひときわ目立つ。中央部右に見える頸城山塊（火打山、妙高山など）までの距離は100k

＊この山岳展望図は、小社刊行の『山岳展望ハンドブック』（佐古清隆＝図と解説）からの抜粋です。さらに広範囲の展望や、ほかの山域にも興味のある方は同書をご参照ください。
『山岳展望ハンドブック1』　　燧ガ岳、男体山、金峰山、雲取山、金時山、高尾山など関東周辺の20山を収録
『山岳展望ハンドブック2』　　赤岳、東天狗岳、蓼科山、車山、美ヶ原、甲斐駒、北岳、槍ガ岳など中部山岳の20山を収録
ともにA5横／206ページ　980円（税別）　問い合わせ先は160㌻をごらんください

展望方位表示図

▼南南西

標高	山名
3189 38.2	間ノ岳
3192 34.9	北岳
3052 47.2	塩見岳
2801 51.9	小河内岳
2682 46.7	権右衛門山
2799 28.9	アサヨ峰
2714 28.6	栗沢山
2967 26.5	（甲斐）駒ガ岳
2855 31.4	小仙丈ガ岳
3033 32.5	仙丈ガ岳
2736 31.0	馬ノ背
2319 23.3	大岩山
2685 25.7	鋸山（鋸岳）

八紘嶺はっこうれい　千頭星山せんとうぼしやま　大谷嶺おおやれい　行田ぎょうだ　農鳥岳のうとりだけ　間ノ岳あいのだけ

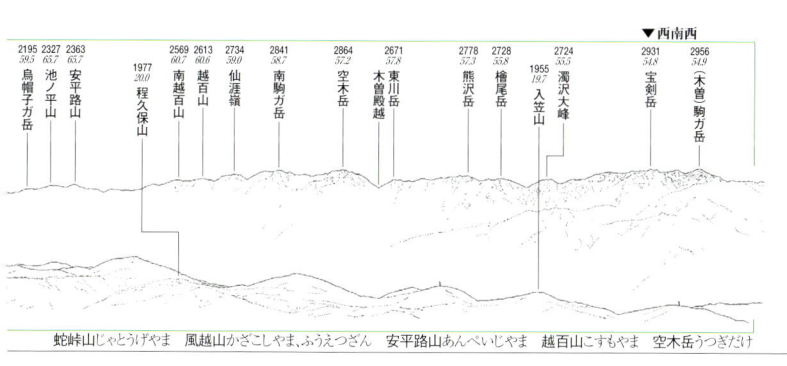

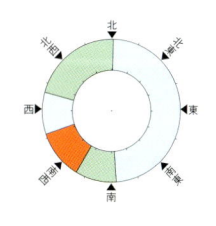

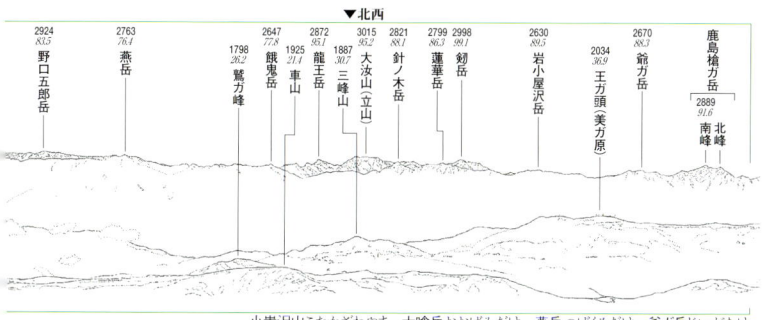

▼西南西

標高	山名
2195 39.5	鳥帽子ガ岳
2327 65.7	池ノ平
2363 65.7	安平路山
2569 60.7	南越百山
2613 60.6	越百山
2734 58.0	仙涯嶺
2841 58.7	南駒ガ岳
2864 57.2	空木岳
2671 57.8	東川岳／木曽殿越
2778 57.3	熊沢岳
2728 55.8	檜尾岳
2724 53.5	濁沢大峰
1955 19.7	入笠山
2931 55.5	宝剣岳
2956 54.9	（木曽）駒ガ岳
1977 20.0	程久保山

蛇峠山じゃとうげやま　風越山かざこしやま、ふうえつざん　安平路山あんぺいじやま　越百山こすもやま　空木岳うつぎだけ

▼北西

標高	山名
2924 83.5	野口五郎岳
2763 78.1	燕岳
1798 26.2	鷲ガ峰
2647 77.8	餓鬼岳
1925 21.4	車山
2872 80.1	龍王岳
1887 30.7	三峰山
3015 81.5	大汝山（立山）
2821 88.1	針ノ木岳
2799 89.1	蓮華岳
2998 86.3	剱岳
2630 89.5	岩小屋沢岳
2034 36.9	王ガ頭／美ヶ原
2670 89.3	爺ガ岳
—	鹿島槍ガ岳
2889 91.6	南峰／北峰

小嵩沢山こたかざわやま　大喰岳おおばみだけ　燕岳つばくろだけ　爺ガ岳じいがたけ

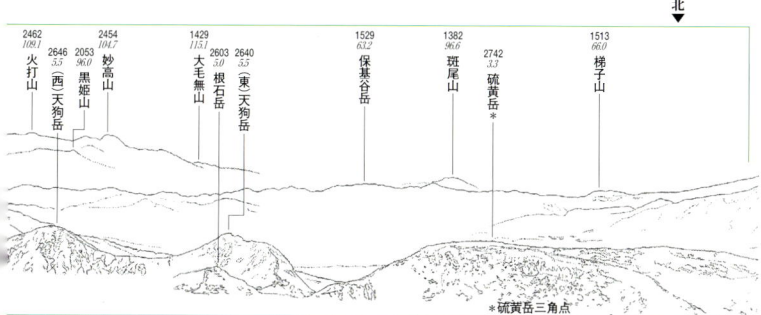

▼北

標高	山名
2462 109.1	火打山
2646 3.5	（西）天狗岳
2454 104.7	妙高山
2053 —	黒姫山
1429 115.1	大上無山
2603 3.2	根石岳
2640 3.5	（東）天狗岳
1529 63.2	保基谷岳
1382 98.6	斑尾山
2742 —	硫黄岳 ＊
1513 66.0	梯子山

＊硫黄岳三角点

鑓ガ岳やりがたけ　四阿屋山あずまやさん　十観山じっかんやま　夫神岳おかみだけ　保基谷岳ほきやだけ　斑尾山まだらおやま

143

蓼科山山頂からの山岳展望図　佐古清隆＝図と解説

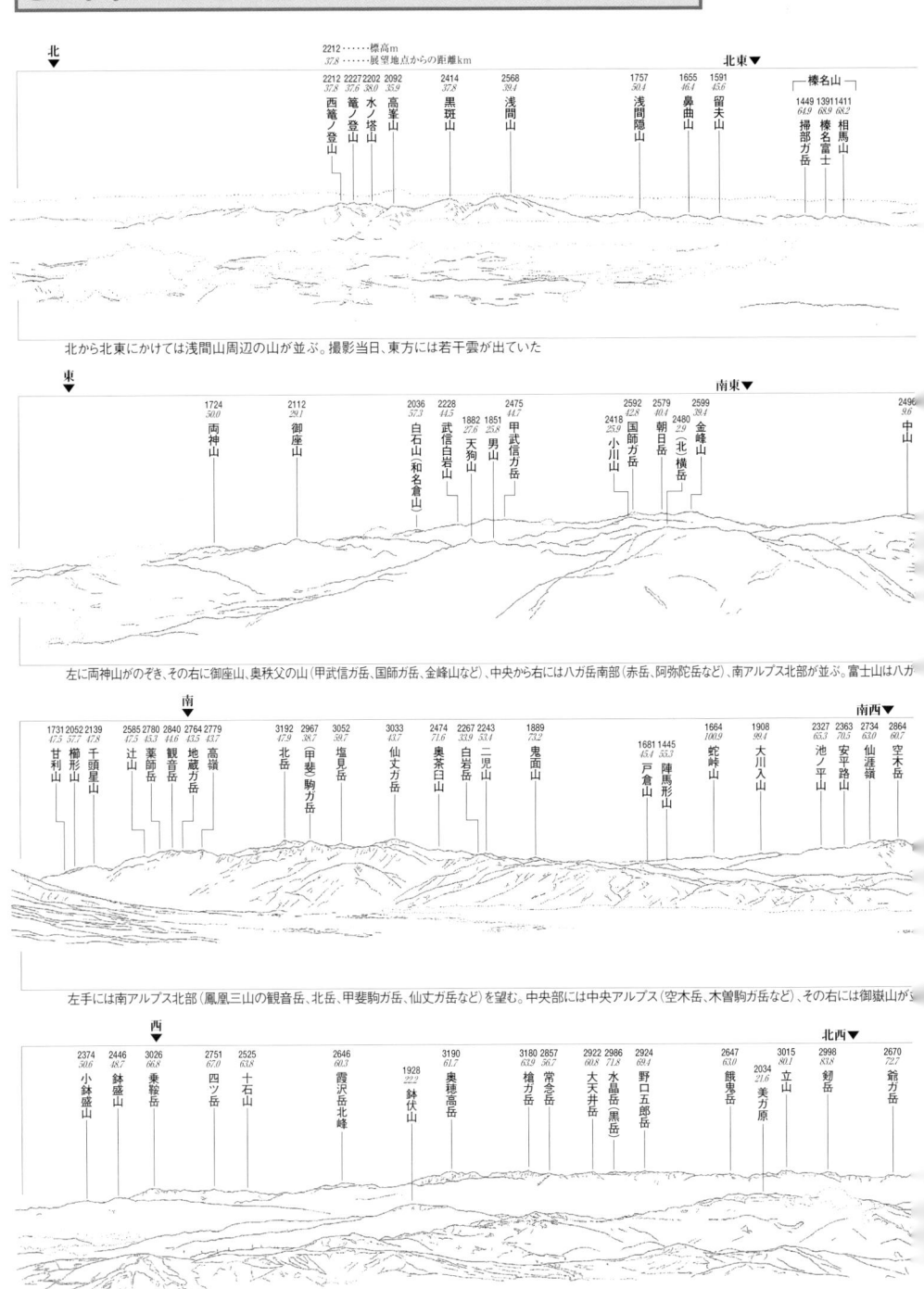

北▼　　　　　　　　　2212……標高m　　　　　　　　　　　　　　　北東▼
　　　　　　　　　　　37.8……展望地点からの距離km

標高	距離	山名
2212	37.8	西篭ノ登山
2227	37.6	篭ノ登山
2202	38.0	水ノ塔山
2092	35.9	高峯山
2414		黒斑山
2568		浅間山
1757	50.4	浅間隠山
1655	46.4	鼻曲山
1591	43.6	留夫山
2599		榛名富士
1449	64.9	掃部ガ岳
1391	68.9	榛名富士
1411	68.2	相馬山

北から北東にかけては浅間山周辺の山が並ぶ。撮影当日、東方には若干雲が出ていた

東　　　　　　　　　　　　　　　　　　　　　　　　　　南東▼

標高	距離	山名
1724	50.0	両神山
2112	29.1	御座山
2036	57.3	武信白岩山
2228	44.5	白石山（和名倉山）
1882	27.6	天狗山
1851	25.8	男山
2475	44.7	甲武信ガ岳
2592		国師ガ岳
2418	25.9	小川山
2579	40.4	朝日岳
2480	2.9	横岳（北）
2599	39.4	金峰山
2496	9.6	中山

左に両神山がのぞき、その右に御座山、奥秩父の山（甲武信ガ岳、国師ガ岳、金峰山など）、中央から右には八ガ岳南部（赤岳、阿弥陀岳など）、南アルプス北部が並ぶ。富士山は八ガ

南▼　　　　　　　　　　　　　　　　　　　　　　　　　　　　　　南西▼

標高	距離	山名
1731	47.5	甘利山
2052	57.7	櫛形山
2139	47.8	千頭星山
2585	45.3	辻山
2780	44.6	薬師岳
2840	43.8	観音岳
2764	43.7	地蔵ガ岳
2779		高嶺
3192	47.9	北岳
2967	38.7	甲斐駒ガ岳
3052		塩見岳
3033		仙丈ガ岳
2474	71.6	奥茶臼山
2267	33.9	白岩岳
2243		二児山
1889	73.2	鬼面山
1681	45.1	戸倉山
1445	55.3	陣馬形山
1664	100.9	蛇峠山
1908	99.4	大川入山
2327	63.3	安平路山
2363	70.5	池ノ平山
2734	63.0	仙涯嶺
2864	60.7	空木岳

左手には南アルプス北部（鳳凰三山の観音岳、北岳、甲斐駒ガ岳、仙丈ガ岳など）を望む。中央部には中央アルプス（空木岳、木曽駒ガ岳など）、その右には御嶽山が

西▼　　　　　　　　　　　　　　　　　　　　　　　　　　　　　　北西▼

標高	距離	山名
2374	50.6	小鉢盛山
2446	48.7	鉢盛山
3026	66.8	乗鞍岳
2751	67.0	四ツ岳
2525	63.8	十石山
2646	60.3	霞沢岳北峰
1928	22.2	鉢伏山
3190	61.7	奥穂高岳
3180	63.9	槍ガ岳
2857	56.7	常念岳
2922	60.8	水晶岳（黒岳）
2986	71.8	大天井岳
2924	69.4	野口五郎岳
2647	63.0	餓鬼岳
3015	80.1	立山
2034	21.6	美ガ原
2998	83.8	剱岳
2670	72.7	爺ガ岳

北アルプス連峰を眺める。乗鞍岳から始まり、北アルプスの南部（奥穂高岳、槍ガ岳など）から北部の山（鹿島槍ガ岳、白馬岳など）までが並び壮観である。その右下方は雲で隠れ

＊この山岳展望図は、小社刊行の『山岳展望ハンドブック』(佐古清隆＝図と解説)からの抜粋です。さらに広範囲の展望や、ほかの山域にも興味のある方は同書をご参照ください。
『山岳展望ハンドブック1』　燧ガ岳、男体山、金峰山、雲取山、金時山、高尾山など関東周辺の20山を収録
『山岳展望ハンドブック2』　赤岳、東天狗岳、蓼科山、車山、美ガ原、甲斐駒、北岳、槍ガ岳など中部山岳の20山を収録
ともにA5横／206ページ　980円(税別)　問い合わせ先は160㌻をごらんください

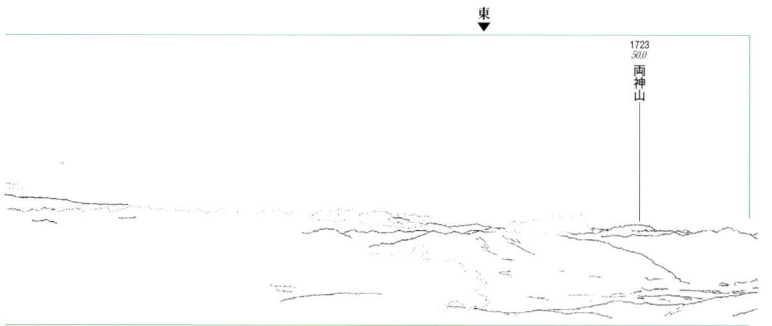

展望方位表示図

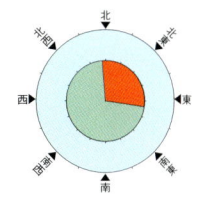

▼東

篭ノ登山かごのとやま　黒斑山くろふやま　浅間隠山あさまかくしやま　留夫山とめぶやま　掃部ガ岳かもんがたけ

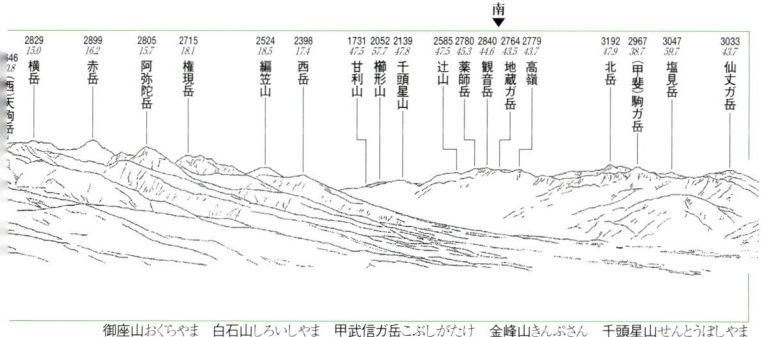

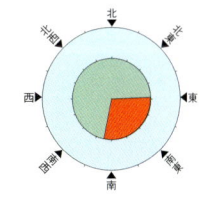

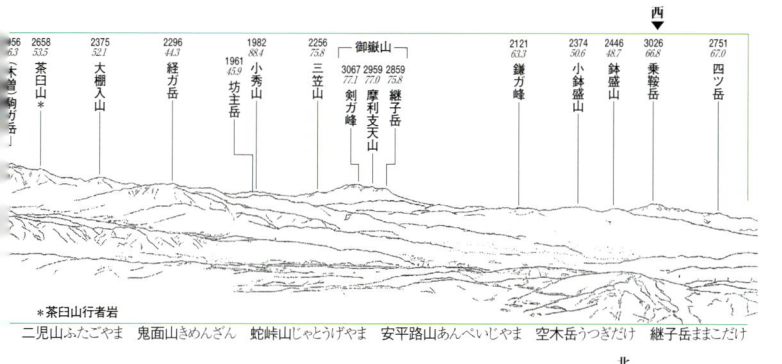

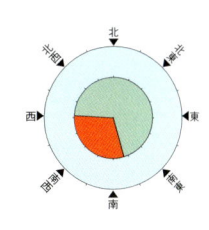

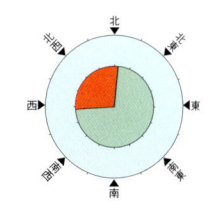

▼南

2829 15.0	2899 16.2	2805 15.7	2715 18.1	2524 18.5	2398 17.4	1731 47.5	2052 57.7	2139 47.8	2585 47.5	2780 45.3	2840 44.6	2764 43.5	2779 43.7	3192 47.9	2967 38.7	3047 38.7	3033 43.7
横岳	赤岳	阿弥陀岳	権現岳	編笠山	西岳	甘利山	櫛形山	千頭星山	辻山	薬師岳	観音岳	地蔵ガ岳	高嶺	北岳	塩見岳	甲斐・駒ガ岳	仙丈ガ岳

御座山おぐらやま　白石山しろいしやま　甲武信ガ岳こぶしがたけ　金峰山きんぷさん　千頭星山せんとうぼしやま

▼西

2658 53.5	2375 52.1	2296 44.3	1982 58.4	1961 45.9	2256 75.8	3067 77.1	2959 77.0	2859 75.8	2121 63.3	2374 50.6	2446 48.7	3026 66.8	2751 67.0
茶臼山	大棚入山	経ガ岳	小秀山	坊主岳	三笠山	剣ガ峰	摩利支天山	継子岳	鎌ガ峰	小鉢盛山	鉢盛山	乗鞍岳	四ツ岳

御嶽山

＊茶臼山行者岩

二児山ふたごやま　鬼面山きめんざん　蛇峠山じゃとうげやま　安平路山あんぺいじやま　空木岳うつぎだけ　継子岳ままこだけ

▼北

2903 44.8	2932 87.1
鑓ガ岳	白馬岳

鉢伏山はちぶせやま　常念岳じょうねんだけ　大天井岳おてんしょうだけ　餓鬼岳がきだけ　鑓ガ岳やりがたけ

145

地図

- 国民宿舎蓼泉閣
- 立科町へ
- 春日温泉へ
- 1572
- 夢ノ平
- 1653
- 女神湖
- 料金所
- 夢ノ平有料道路
- 鹿曲川林道
- 立科一号幹線用水路
- 慶大立科山荘
- 塩沢堰
- 竜ガ峰
- 1855
- 蓼科牧場
- 白樺高原国際スキー場
- 1525
- 1703
- ゴンドラリフト
- 春日渓谷
- 白樺高原
- 御泉水自然園
- 10台 WC
- トキンの岩
- 1561
- 蓼科山7合目
- 立科町
- 馬返し
- 前掛山 2354
- 大河原峠
- 60台 P WC
- 1439
- 箕輪平
- 天狗ノ露地
- 赤谷分岐
- 大河原ヒュッテ
- 双子 222
- 樫ヶ沢
- 樫ヶ沢温泉
- 将軍平
- 蓼科山荘
- 南平台
- 1669
- 白樺湖へ
- 南平
- 蓼科山 2530
- 蓼科神社奥ノ院
- 蓼科山頂ヒュッテ
- 双子池ヒュッテ
- 夕日ノ岳 2120
- 亀甲池分岐
- 亀甲池
- 雌池 双子池
- しらかば2in1スキー場
- 1650
- 蓼科山分岐
- 天祥寺原
- 天狗ノ露地
- 1833
- 2113
- 滝ノ湯川
- 八子ガ峰
- スズラン峠
- 1864
- 八子ヶ峰ヒュッテ アルビレオ
- 蓼科山登山口
- 45台 P
- 茅野市
- 北横岳 2480
- 北峰 2473
- 三
- 女乃神茶屋
- 竜源橋
- 8台 P
- 南峰
- 北横岳ヒュッテ
- 1811
- 坪庭
- 笹平
- さんちょうえき
- 縞枯
- 東急リゾートタウン
- 城の平
- ピラタスの丘
- ピラタス横岳ロープウェイ
- 2006
- 蓼科東急スキー場
- 滝湯川
- 1826
- ピラタス蓼科スノーリゾート
- 蓼科東急GC
- ホテル親湯
- 800台 P さんろくえき
- 五辻
- 親湯入口
- プール平
- 滝ノ湯入口
- 公衆浴場 蓼科
- 聖光寺
- 小斉の湯
- 1452
- 瓢箪坂
- 1939.4
- 蓼科湖
- 蓼科別荘地
- メルヘン街道

↓ MAP ②（P148-149）

MAP ①

八ガ岳・北八ガ岳 蓼科山 白地図

- この地図は、巻頭にある5枚の地図を、ペンでメモ書きができるように加工した白地図です。収録エリアは、巻頭の地図と同じです。それぞれ地図番号を同じにしています。対比しながらご利用ください。
- 歩いてきたコース、予定しているコースを赤ペンでマークすることができます。
- 主要ポイントや休憩地点での時間をメモしたり、咲いている花名や、コースの状況などを記入すれば、「山行記録帳」として利用することもできます。

MAP ② (P148-149)
MAP ③ (P150-151)

147

MAP ②

MAP ①（P146-147）

冷山 219
渋御殿湯
渋ノ湯
6台
奥蓼科
18台

右遊の湯
横谷温泉
明治湯
渋川温泉
1611
サカ
横谷渓谷
乙女滝
王滝
渋川
渋辰野旅館

茅野駅へ
笹原
御射鹿池
1858
1955
2006
渋ノ湯・唐沢鉱
笹原湧池
八方台
唐沢鉱泉分岐
1120
須栗平
白井出
1608
唐沢
20台
湖東
枯尾ノ峰 1979
茅野駅へ 1147
河原木場沢
1411
鳴岩川
桜
広見 豊平
角名川
三井の森
1471
蓼科G.C.
古田溜池
上槻木
泉野
鹿島南蓼科ゴルフ場
茅野市
1245
1357
1450
南蓼科台別荘地
▲1545
五ヶ村
1275
柳川
美濃戸山荘
赤岳山荘
1450
美濃戸口
美濃戸別荘地
やまのこ村
八ヶ岳種苗管理センター
80台
御小屋山登山口
1265
1362
太陽館
八ヶ岳山荘
22台 50台
茅野駅へ
八ヶ岳中央農業実践大学校
弓振堰
美濃戸高原ロッジ
雀ヶ森
新幅堰
1353
213
祖原
御小屋
（御柱山
中央高原保健休養地
ペンションヴィレッジ
丸山地区別荘地
もみの湯
八ヶ岳美術館
原村
旭小屋谷
阿久川
横見山
立場川
1226
中新田北堰
八ヶ岳ズームライン
1477
祖川
中新田南堰
憩の森別荘地
立場堰

MAP ④（P152-153）

MAP ② (P146-147)

賽ノ河原
高見石へ
にゅう ▲2352
シャクナゲ尾根
唐沢橋
30台 P 稲子湯
稲子湯旅館
八千穂駅へ
P 16台 稲子湯
N
0 1km

渋ノ湯・八方台分岐
中山展望台
中山 ▲2496
稲子岳 ▲2380
駒鳥沢
屏風橋
しらびそ小屋
本沢温泉入口

黒百合ヒュッテ
黒百合平 2433
中山峠
摺鉢池
天狗ノ奥庭 2455
みどり池
小海町

第一展望台
第二展望台 2416
西尾根
T字路
西天狗 2646
天狗岳
東天狗
▲1987

霧ヶ滝
シラナギ沢
根石岳 ▲2603
根石山荘
箕冠山
白砂新道
本沢温泉
湯川

夏沢鉱泉
ヒュッテ夏沢 ・2427
夏沢峠
山びこ荘

オーレン小屋 2283

峰ノ松目 ▲2567
・2656
赤岩ノ頭
硫黄岳 ▲2742
・2760
南牧村
牛首川

1949
赤岳鉱泉
大同心
小同心
硫黄岳山荘
駒草神社
大ダルミ
台座ノ頭 ・2795
奥ノ院 2829
横岳 柳添尾根 2262
柳添川北沢
南八ヶ岳林道

MAP ③ (P150-151)

美濃戸中山 ・2387
白河原
行者小屋 ・2354
地蔵尾根
三叉峰 ・2825
鉾岳
日ノ岳
柳添川南沢

御小屋尾根
不動清水
犬帰りノ岩 ・2296
摩利支天 ・2805
阿弥陀岳
中岳 ・2899
赤岳 ・2599
赤岳頂上小屋
地蔵ノ頭
赤岳天望荘
大天狗

中央本谷
右俣
原沢
南稜
青ナギ
立場山 ・2370
・2504
キレット
キレット小屋
・2316
県界尾根
小天狗 ・2178
防火線ノ頭
2258

ツルネ
天狗尾根
赤岳尾根
真教寺尾根
扇山 牛首山 ・2280
賽ノ河原
149

旭岳 ・2672
ギボシ
権現岳 ・2715
上ノ権現
右股

↓ MAP ④ (P152-153)

MAP ① (P146-147)

黒百合ヒュッテ
黒百合平
2433
第二展望台
中山峠
しらびそ小屋
みどり池
ゲート
稲子へ
▲1583
▲1987

西天狗
2646
天狗岩
天狗岳
東天狗
2455
天狗ノ奥庭

根石岳
2603
根石山荘
箕冠山
白砂新道
本沢温泉

夏沢峠
ヒュッテ夏沢
山びこ荘
南牧村
牛首川

オーレン小屋
峰ノ松目
▲2567
2742.1
硫黄岳
・2760

赤岩ノ頭
大ダルミ
硫黄岳山荘
駒草神社
台座ノ頭
・2795
▲1879
横岳登山口
柚添川北沢
横岳登山口
南八ヶ岳林道

赤岳鉱泉
大同心
奥ノ院
2829
横岳
柚添尾根 2262

美濃戸中山
▲2387
三叉峰
中山乗越
2825
鉾岳
日ノ岳
柚添川南沢

白河原
2354
行者小屋
地蔵尾根
地蔵ノ頭
赤岳天望荘

摩利支天
大天狗
県界尾根
防火線ノ頭
▲1807

犬帰リノ岩
2805
中岳
赤岳
2899
小天狗
2178
阿弥陀岳
2599
真教寺尾根
南稜
本谷
右俣
青ナギ
2504
赤岳頂上小屋

キレット小屋
天狗尾根
登山道入口
志木市少年自然の

ツルネ
赤岳沢
扇山
牛首山
2280
キッツメドウズ
大泉・清里スキー場
5台 P
20台 P

旭岳
2672
上ノ権現沢
賽ノ河原

ギボシ
殿
権現岳
2715
右殿
左殿
ノロシバ
権現小屋
地獄谷

編笠山
2580
三ツ頭
前三ツ頭
2364
大 泉 村
羽衣池
町営キャンプ
100台 P
町営美し森たかね荘
美ノ森山
▲1543
大門
50台 P

MAP ④ (P152-153)

MAP ② (P148-149)

150

MAP ③

MAP ②(P148-149)
西岳 ↑

ギボシ
権現岳 2715
左股
ノロシバ
権現小屋
乙女ノ水
青年小屋
編笠山 2524
2580 ▲三ツ頭

富士見町

▲1515

長坂町

シャクナゲ公園分岐
2095

2364▲
2282 ▲前三ツ頭
木戸口公園

不動清水
盃流し

小淵沢町

押手川

富士見高原スキー場
▲1424

雲海

早乙女河原展望台

富士見高原ゴルフ場

大泉村

1649▲
富士見平
延命水

観音平グリーンロッジ
P 40台
観音平
三味線滝

八ヶ岳神社

八峯苑鹿の湯

▲1528

三里ヶ原
▲1134

富士見217▲
蓑巻道路

富士見高原保健休養地

富士見平分岐

鐘掛松

三ツ頭登山口
1271
八ヶ岳公園道路

観音平入口

▲1045

信玄棒道分岐
▲1141

十六番観音

八ヶ岳牧場

八ヶ岳泉郷

甲六川

小淵沢ゴルフ場

信玄棒道

古柚川

諏訪ICへ

葛窪

いこいの村八ヶ岳

大東豊

一番観音

高川小荒間中
かいこいずみ
1026

スパティオ小淵沢

小荒間西

篠原

小海線

女取川

小荒間
小荒間東
1007

中央自動車道

スズラン池
940

小淵沢インターチェンジ

茅野駅へ

小淵沢
帝京短期大学
小淵沢中

小荒間番所跡

916

尾根
上久保
ぶちさわ
帝京第三高
小淵沢本町

鳩川
上ノ原

韮崎IC
高井戸ICへ
韮崎駅へ
女取

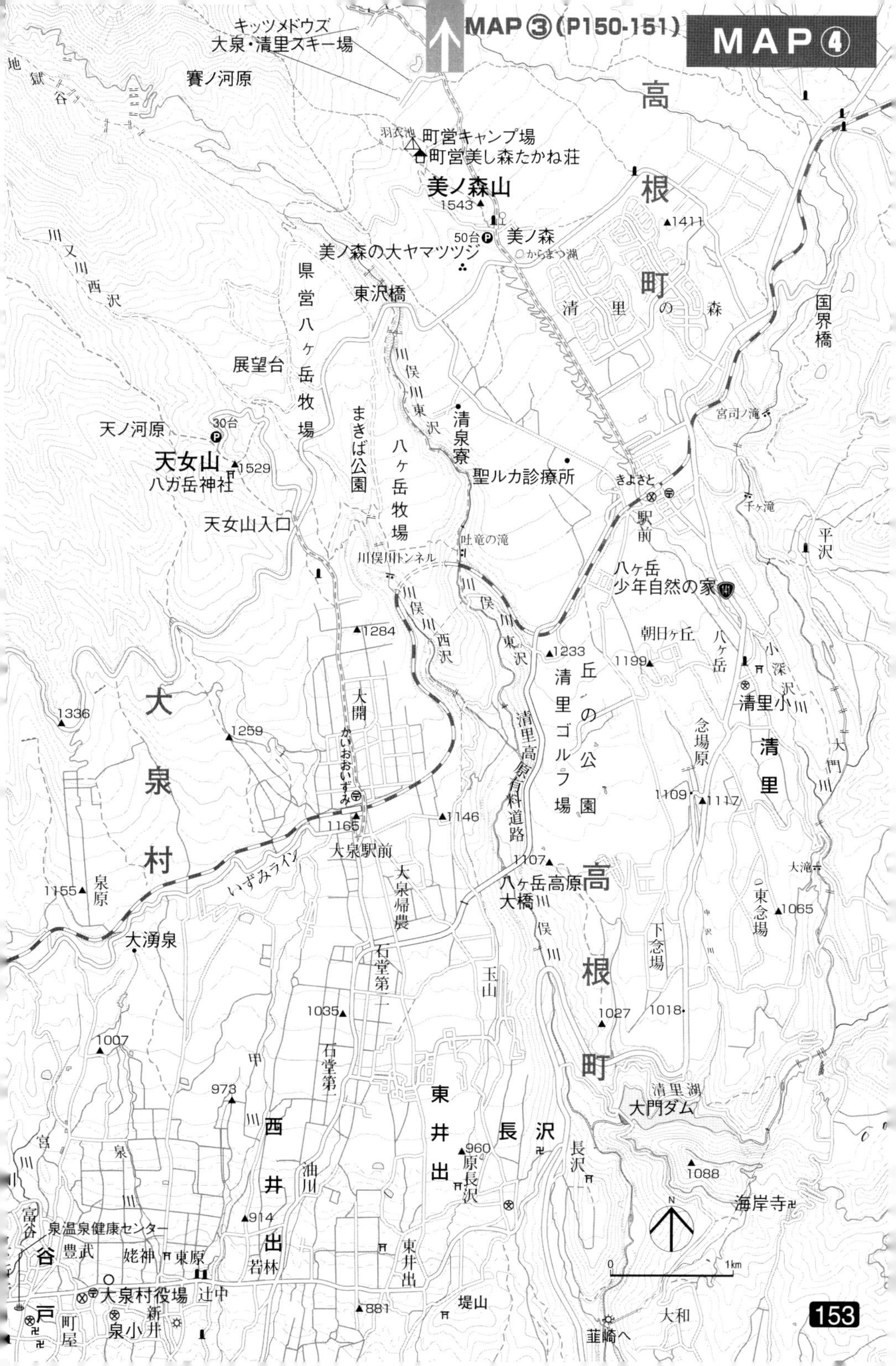
MAP③(P150-151)
キッツメドウズ
大泉・清里スキー場
地獄谷
賽ノ河原
羽衣池
町営キャンプ場
町営美し森たかね荘
美ノ森山
1543
美ノ森
50台
からまつ湖
美ノ森の大ヤマツツジ
川又川西沢
県営八ヶ岳牧場
東沢橋
高根町
1411
清里の森
国界橋
展望台
川俣川東沢
まきば公園
八ヶ岳牧場
清泉寮
宮司ノ滝
天ノ河原
30台
天女山
1529
八ガ岳神社
聖ルカ診療所
きよさと
駅前
千ヶ滝
天女山入口
吐竜の滝
川俣川トンネル
平沢
八ヶ岳少年自然の家
1284
川俣川西沢
川俣川東沢
1233
朝日ヶ丘
1199
八ヶ岳
小深沢川
清里ゴルフ場
丘の公園
清里小
1336
大開
大泉村
1259
念場原
清里
大門川
かいおおいずみ
清里高原有料道路
1109
1117
1165
1146
大泉駅前
1107
八ヶ岳高原大橋
高根町
大滝
1155
泉原
いずみライン
大泉帰農
東念場
1065
大湧泉
石堂第二
下念場
中沢川
玉山
川俣川
1035
1027
1018
1007
甲川
石堂第一
973
清里湖
大門ダム
西井出
東井出
長沢
宮川
泉川
油川
960
原長沢
1088
海岸寺
914
富谷
泉温泉健康センター
豊武
姥神
東原
若林
東井出
0
1km
谷戸
大泉村役場
辻中
新井
881
堤山
大和
町屋
泉小
韮崎へ

上槻へ
桜平 P 35台
シラナギ沢
夏沢鉱泉

1:25,000

峰ノ松目
2567▲

茅野市

北沢

1949

美濃戸中
2387

赤岳山荘
美濃戸山荘
やまのこ村
P 22台
P 50台
美濃戸

美濃戸口へ

美濃戸口へ

南沢

御小屋尾根
2296
不動清水

2137▲
御小屋山
(御柱山)

中央稜
本谷
右俣

広河原沢

南稜

旭小屋台

青ナギ

154

MAP ⑤

根石岳へ 本沢温泉へ

・2427
ヒュッテ夏沢
山びこ荘
夏沢峠

レン小屋

南牧村

▲2742
硫黄岳
・2760

牛首川

赤岩ノ頭
2656

硫黄岳山荘
駒草神社

大ダルミ

ジョ
ゴ
沢

台座ノ頭
・2795

大同心

赤岳鉱泉

小同心
奥ノ院
・2829

杣添尾根 ・2262 海ノ口へ

横岳

三叉峰
・2825

石尊峰

日ノ岳 鉾岳

白河原

行者小屋

地蔵尾根

二十三夜峰

地蔵ノ頭

摩利支天
犬帰リ岩

・2805
阿弥陀岳

赤岳天望荘

文
三
郎
道

中岳

赤岳
・2899
赤岳
頂上小屋

・2599

大天狗

竜頭峰

真
教
寺
尾
根

・2258 県界尾根
美ノ森

・2504
権現岳へ
キレット
キレット小屋

美ノ森へ

155

山行記録

■目的地・コース

期　間	年　月　日　～　　年　月　日（　泊　日）	
メンバー	L	
	SL	

MEMO

	地点名	天候	時　間	MEMO
第1日 月 日			発	
			着	
			発	
			着	
			発	
			着	
			発	
			着	
			発	
			着	
			発	
			着	

＊「山行記録」用紙は、コピーしてもお使いになれます。

第2日	地点名	天候	時　間		MEMO
			発		
			着		
			発		
月			着		
			発		
			着		
			発		
日			着		
			発		
			着		
			発		
			着		

第3日	地点名	天候	時　間		MEMO
			発		
			着		
			発		
月			着		
			発		
			着		
			発		
日			着		
			発		
			着		
			発		
			着		

第4日	地点名	天候	時　間		MEMO
			発		
			着		
			発		
月			着		
			発		
			着		
			発		
日			着		
			発		
			着		
			発		
			着		

山行記録

■目的地・コース

期　　間	年　月　日　～　年　月　日（　泊　日）	
メンバー	L	
	SL	

MEMO

第1日	地点名　　　　　天候	時　間		MEMO
			発	
			着	
			発	
月　日			着	
			発	
			着	
			発	
			着	
			発	
			着	
			発	
			着	

＊「山行記録」用紙は、コピーしてもお使いになれます。

第2日 　月　日

地点名	天候	時間		MEMO
			発	
			着	
			発	
			着	
			発	
			着	
			発	
			着	
			発	
			着	
			発	
			着	

第3日 　月　日

地点名	天候	時間		MEMO
			発	
			着	
			発	
			着	
			発	
			着	
			発	
			着	
			発	
			着	
			発	
			着	

第4日 　月　日

地点名	天候	時間		MEMO
			発	
			着	
			発	
			着	
			発	
			着	
			発	
			着	
			発	
			着	
			発	
			着	

● **著者紹介**

津野祐次（つの ゆうじ）

1946年長野県駒ヶ根市生まれ。82年柴崎高陽氏に師事。89年写真事務所を開設。中央アルプスなどの山岳地帯の自然風景を主に撮り続け、雑誌などに数多くの作品を発表。養命酒発行のカレンダーを90年から連続12年にわたり担当中。撮影会、講演会の講師も務める。常設ギャラリーが長野県長谷村にある。写真集・著書に、『中央アルプスを歩く』、山渓山岳写真選集『中央アルプス』、日本の山と渓谷シリーズ『甲斐駒・仙丈・塩見岳』、花の山旅『中央アルプス』（ともに山と渓谷社刊）、『桜さくら高遠』（信濃毎日新聞社刊）、『風景写真の撮り方』『風景写真テクニック』（ともに成美堂出版刊）、CD-ROM『大地のささやき』（エクシング刊）などがある。

● **著者からのメッセージ**

　八ガ岳に最初に登ったのは、1993年の5月。それから山域内をくまなく走破し、八ガ岳のとりこになってしまいました。その後は、ほかの山域に通った時期もありましたが、昨年の6月から10月まで、集中して八ガ岳に入山することができました。
　八ガ岳の魅力はつきませんが、筆者がいまいちばん感じるのは、南八ガ岳と北八ガ岳が、まったく独立した特異な自然を展開し、そのため、限られた山域内に、自然のさまざまな様相が、バランスよく凝縮されている、ということです。それだけに、何回登ってもあきることのない新しい出会いと発見があります。もちろん、数多くの登山道と、個性的な山小屋が多いことも幸いしています。
　本書では、魅力あふれる八ガ岳の自然を知ってほしいという願いとともに、これまでにない、多目的かつ微細な情報を提供するよう、取材・執筆に努めました。本書で紹介するコース案内を参考にしていただき、八ガ岳で、無理のない安全な登山を楽しんでください。

YAMAPシリーズ②
八ガ岳・北八ガ岳
蓼科山

2002年4月30日　初版第1刷

著　者	津野祐次
発行者	川崎吉光
発行所	株式会社 山と溪谷社

東京都港区芝大門1-1-33　〒105-8503
☎03-3436-4046（出版部）
☎03-3436-4055（営業部）
インターネットホームページ　http://www.yamakei.co.jp/
振替　00180-6-60249

印刷所／製本所　大日本印刷株式会社

ISBN4-635-53103-1

●乱丁、落丁などの不良品は送料小社負担でお取り替えいたします。
●定価はカバーに表示してあります。
©YAMA-KEI publishers Co., Ltd.
2002 Printed in Japn

●**編集**
WALK CORPORATION
水谷　至
種藤　潤

●**ブックデザイン**
大石　学

●**カバーデザイン**
中村富美男

●**キャラクターイラスト**
中村みつを

●**本文デザイン＋DTP**
喜田久美

●**DTP**
WALK DTP Systems

●**イラストレーション**
伊藤智恵子

●**MAP**
（株）千秋社

■本書に掲載した地図の作製にあたっては、国土地理院発行の数値地図25000（地図画像）および数値地図50mメッシュ（標高）を使用しています。また、鳥瞰図や高低図の作製、累積標高差の計算等には、DAN杉本さん作製の「カシミール3D」を利用させていただきました。